COUVERTURE SUPERIEURE ET INFERIEURE EN COULEUR

YASMINA

Croquis tunisiens

ALGER
— IMPRIMERIE CHARLES ZAMITH & C[ie] —
20, Rue des Consuls, 20

1897

O3
i
535

Croquis Tunisiens

YASMINA

Croquis tunisiens

ALGER
— IMPRIMERIE CHARLES ZAMITH & Cⁱᵉ —
20, Rue des Consuls, 20

1897

CROQUIS TUNISIENS

~~~~~

PREMIÈRE PARTIE

SOUS LE CIEL BLEU DE NABEUL

I

YASMINA SE PRÉSENTE — EN ROUTE POUR NABEUL

Ami lecteur, je vous présente une Auvergnate, de vraie roche, débarquée il y a bientôt quinze ans, sur le sol tunisien, et qui a la vilaine habitude de jeter ses impressions sur le papier ; n'allez pas croire cependant qu'elle ait jamais eu l'intention ou la prétention de livrer ses souvenirs à la publicité ! Mais alors, direz-vous, pourquoi donc affronter aujourd'hui la critique presque certaine réservée à ceux qui ne veulent pas garder pour eux seuls les observations qu'ils ont recueillies ?

La faute en est à mes amis, qui m'ont fait l'honneur très grand de goûter mes récits et de vouloir les conserver. Encouragée par eux, je consens à mettre toute modestie de côté, réclamant en retour toute votre indulgence, heureuse si ces souvenirs vécus et sincèrement exacts peuvent vous intéresser.

***

Je n'ose vous parler de Tunis.

Tunis la belle, la blanche, Tunis, inoubliable par ses minarets, ses coupoles vertes, ses souks merveilleux, habités par des vendeurs de cire, immobiles et dédaigneux, ayant l'air de dormir, tout en roulant perpétuellement leurs grains de chapelet entre leurs doigts qu'aucun travail n'a déformés. Cette description a été trop souvent faite et je craindrais de ne pas faire mieux que mes devanciers.

L'Auvergnate présentée plus haut est devenue la femme d'un fonctionnaire qui a planté sa tente loin de Tunis, et qui a pour mission de visiter un grand territoire, un vaste département ; c'est là que je vous mène de suite, chez moi, dans mon joli domaine, qui a nom Nabeul, l'antique *Néapolis* des Romains.

***

Nous quittons donc Tunis par Bab-Alaoua, laissant à droite de vastes cimetières indigènes, la verte colline sur laquelle s'étale le fort Sidi-Belhassen, une jolie mosquée, à gauche le lac El-Bahira à l'odeur fétide, au loin la silhouette de La Goulette ; nous passons devant Rhadès, Hammam-El-Lif, en admirant les beaux massifs montagneux du *djebel Reçàs*[1], le *djebel Bou-Guernin*[2] et enfin la masse majestueuse de Zaghouan, dont nous irons faire, plus tard, connaissance de plus près. En chemin, nous rencontrons, un peu sur notre droite, le coquet village de Soliman, la ferme Potin (Bordj-Cedria), Fondouk Djedid, puis Grombalia et Turki.

Ici, nous allons abandonner la route, la civilisation, les tas de cailloux de cette admirable institution des Ponts et Chaussées, vraiment remarquable en Tunisie, et c'est là que mon rôle de fidèle historienne en pays sauvage va commencer.

A quoi bon vous décrire, n'est-ce pas, des choses que vous connaissez ? Où serait l'intérêt ?

Suivez-moi donc à travers les touffes de lentisques, pour admirer le magnifique paysage qui va se dérouler sous nos yeux.

---

(1) *Djebel Reçàs* : La Montagne de Plomb.
(2) *Djebel Bou-Guernin* : La Montagne du Père aux Cornes.

Belli et sa mosquée fuient derrière nous.

Roulant sur une piste sommaire, nous entrons dans un joli bois d'oliviers, entouré de verdure, à travers des milliers de fleurs, toute la Flore passée et présente ! C'est une gamme complète, une orgie de nuances, le prisme de l'arc-en-ciel.

Les quatre chevaux, attelés de front, qui traînent notre landau, vont donner un long et vigoureux coup de collier dans les dunes de sable amoncelées qui forment la colline de Menzel Roumi, vaste *enchir* (1), où verdoient les lentisques et où des chèvres grimpent, çà et là, toutes petites, noires, allongeant curieusement leur tête fine, éclairées d'yeux jaunes, luisants.

Une forte odeur de miel circule dans l'air ; le sol est criblé de taches blanches : ce sont de petites crucifères qui rient au soleil, grisées de lumière et de douce chaleur.

Du sommet de la colline le panorama est admirable. Comme horizon, la mer bleue, infinie ; à nos pieds, des bois d'oliviers, des caroubiers, des jardins d'un vert délicieux.

De nouvelles grandes taches blanches trouent la verdure : c'est Nabeul, avec les villages environnants, Dar Chaaban, Beni Khiar, Mamora ; tous d'un blanc aveuglant, de vraies villes en sucre, avec

---

(1) *Enchir* : Domaine.

leurs minarets crénelés et leurs *koubbas*[1] rondes comme des œufs d'autruches gigantesques.

Quelle jolie impression vous fait de loin une ville arabe !

Que c'est propre, quelle blancheur éclatante !

Pour Dieu, gardez vos illusions, n'approchez pas ; surtout, évitez, si vous n'êtes pas trop curieux, de visiter les ruelles, les taudis des pauvres indigènes.

Moi qui suis fort curieuse, très avide de tout voir et d'étudier ce peuple que l'on connaît si peu sur les bords de l'Allier, je me dispose à regarder, à écouter et à apprendre de près la vie, les mœurs et les usages de ces bédouins noirs aux dents blanches que nous rencontrons sur notre route, seuls ou en caravane, conduisant de petits ânes patients et de grands chameaux impassibles.

Nous descendons rapidement la colline, et nous voilà dans les oliviers au vert cendré, qui étendent leurs membres tordus dans des contorsions macabres ; la gamme des fleurs continue ; c'est le printemps, avril, le mois délicieux entre tous sous ce ciel en fête.

Des bandes d'oiseaux s'égosillent, des nuées de papillons lutinent dans les rayons d'or qui pleuvent et les abeilles bourdonnent très affairées, ayant beaucoup de besogne, ne sachant quel calice choisir.

---

[1] *Koubba* : Mosquée à coupole servant de sépulture aux personnages marquants.

Notre carrosse s'engage dans un petit chemin creux, bordé de hautes *tabias*[1], couronnées de cactus géants, hérissées d'épines redoutables, formant une haie impénétrable, une clôture précieuse pour les jardins indigènes, car ils sont essentiellement cultivateurs les *Neblis*[2] ; ce sont de braves gens, occupés, travailleurs ; la civilisation ne les a pas jusqu'ici troublés dans leur quiétude, ils n'ont encore aucun bureau de poste ; ils ne connaissent ni le gaz, ni l'électricité, ni la vapeur, ni la vie brûlante qui en est la conséquence ; ils plantent du maïs, du sorgho, des fèves, des piments, de grandes carottes jaune pâle dont le prix ne dépasse pas 2 piastres 1/2, c'est-à-dire environ 1 fr. 50, la charge d'un âne.

Mais depuis cette époque, l'administration tutélaire de la France a fait son devoir et doté ce charmant pays de tout ce qui constitue pour nous le bien-être municipal ; les rues sont éclairées, un bureau de poste fonctionne, le télégraphe relie Nabeul à Tunis et un chemin de fer vient d'être inauguré.

Jetons un voile sur ces grandes améliorations et reprenons notre Nabeul au moment où j'y suis venue pour la première fois, en l'an 1884.

---

[1] *Tabia* : Sorte de talus en terre.
[2] *Neblis* : Habitants de Nabeul.

II

NABEUL — SOUVENIR A UN AIMABLE ACADÉMICIEN
LA VIE A NABEUL
COUP DE PATTE A LITTRÉ

Voici Nabeul, sa mosquée, sa grande rue où sèchent au soleil de jolies nattes, produit de l'industrie locale. De petits *bicots*[1], à moitié nus, se roulent par terre, fuient effarouchés et curieux sur le seuil des maisons, ouvrant leurs grands yeux noirs, montrant leurs dents de neige et leurs minois barbouillés. Quelques musulmans vaquent à leurs affaires ; çà et là de gros paquets gris et blancs traversent la rue ; ce sont des femmes voilées et drapées dans d'énormes couvertures de laine tissées à Nabeul ; c'est un costume des plus disgracieux. Bien fin celui qui pourra deviner leurs formes sous cet amas de laine : les maris peuvent dormir tranquilles !.....

☆*☆

---

(1) *Bicots* : Mot familier des Algériens désignant l'Arabe.

L'expérience acquise par quinze années d'études, d'observations, de fréquentations du foyer arabe, m'en a appris de belles sur le compte de ces *mouquères* si bien drapées !

Pour une Européenne jetée en plein pays arabe, dans ce joli coin de la Tunisie, l'hésitation n'était pas possible : ou bien il fallait s'ennuyer à mourir, maugréer contre la destinée, rêver du boulevard, de l'Opéra, de la vie de château en Auvergne, se faire de la bile, s'user le tempérament à force de gémir, ou bien il fallait prendre très gaillardement son parti de la situation *champêtre* et en faire sa vie quotidienne.

En principe, une femme intelligente ne doit jamais s'ennuyer et, à ce propos, il faudra que je prie mon excellent ami, M. Victor Cherbuliez, de faire biffer du dictionnaire de l'Académie ce triste mot : ennui ! Etant donné que M. Cherbuliez est le plus affable des Immortels, ma cause est gagnée d'avance.

Mais revenons à nos moutons.

Il fallait donc se plaire à Nabeul et pour cela s'occuper, s'attacher à beaucoup de choses, étudier ce qui m'entourait : le pays, la flore, les mœurs, les coutumes indigènes et, en particulier, les femmes arabes, leurs habitudes, leurs costumes, leur vie, les fêtes, le langage. Que d'attraits ! Et que les journées passaient vite entre ces études, une promenade, un impromptu de Chopin et un bon livre !

☙

Ainsi que je l'ai dit plus haut, les habitants de Nabeul sont industrieux et cultivateurs. Ils sont potiers ; la glaise, sous leurs doigts, se façonne rapidement, devient une série de gargoulettes, de grands et petits plats, de lampes variées à forme drôlatique. Tout est à l'état sommaire dans leurs échoppes ; pour travailler, ils sont toujours assis, étendus, prennent des poses nonchalantes afin de se fatiguer le moins possible. Ils tissent également des étoffes à burnous, à couvertures unies ou rayées.

Quant à la culture, les indigènes de Nabeul y excellent. Ils irriguent la terre à l'aide de *séguias*, petits canaux fort ingénieux et récoltent en abondance le sorgho, le maïs, les fèves, choux, carottes, aubergines, oignons, persil, tomates et piments. C'est ce dernier condiment qui fournit leur principale nourriture. La récolte, une fois faite, est chargée sur les paisibles bourricots, transportée à la maison, où les femmes les enfilent d'une ficelle, et les suspendent ensuite en longs chapelets le long des murs pour achever de les faire sécher.

Toutes ces franges pourpres produisent un effet charmant, tranchant sur le blanc vif de la chaux.

*
* *

Les jardins de Nabeul sont de vrais poèmes. Ils ont été décrits de main de maître par M. Victor

Cherbuliez dans le voyage en Tunisie du comte Ghislain ; car il faut vous dire que nous sommes, M. Cherbuliez et moi, fanatiques de ce joli coin tunisien où fleurissent à foison les orangers et les jasmins.

Outre les citronniers, les cédratiers, les grenadiers, ces jardins produisent des champs de fleurs, roses et géraniums, dont les indigènes extraient le parfum à l'aide d'alambics. Grâce au soleil et à l'irrigation la production est colossale.

Les oranges, citrons, limons, grenades, nèfles du Japon atteignent une belle proportion et sont très savoureux.

Il y a trois sortes d'oranges, sans compter la sanguine qu'ils cultivent moins.

L'orange *meski*, la douce ; la *garess*, l'aigre, et l'*orenge*, l'amère, qui ne sert qu'à la distillation.

Depuis quelque temps, ils ont acclimaté le mandarinier.

C'est à l'ombre de ces orangers que sont plantés, à la diable, rosiers, jasmins, géraniums et *felh*, petit arbuste dont la fleur ressemble, comme couleur et parfum, à l'élégant gardénia. A la floraison, sous les rayons d'or qui pleuvent à travers la feuillée, c'est une orgie de parfums ; l'atmosphère se sature de senteurs grisantes, d'effluves capiteuses.

C'est alors que de petits *ouled*[1] font la moisson des fleurs, pour les vendre à la ville.

---

[1] *Ouled* : Garçons.

A l'aide de brindilles d'alfa, sur lesquelles sont piquées les fleurs du jasmin et du *felh*, ils forment de petits bouquets ronds, très odorants, qu'ils vendent un caroube ; bien souvent l'indigène dînera d'un pain, mais il aura son bouquet piqué derrière l'oreille ou à son turban.

Ce peuple adore les fleurs, les fleurs odorantes qui sentent bon ; celles des champs, même les plus jolies, les laissent indifférents. En parlant de ces dernières, ils disent : *hachich !* (ce n'est que de l'herbe !)

J'en ai vu, de vrais fanatiques, s'introduire des fleurs de jasmins et des feuilles de roses dans les narines pour mieux apprécier le parfum.

*_**

Les femmes, également, aiment les fleurs. Elles les enfilent ainsi que de belles perles, hélas ! éphémères, et de leurs gracieux pétales forment des chaines et des colliers, pour plaire à leur seigneur et maître. Des jardins se dégage, même en été, sous un soleil de feu, une exquise fraicheur, grâce à l'ombre épaisse et à l'arrosage journalier.

C'est à un chameau, presque toujours aveugle, qu'incombe le puisage de l'eau, à l'aide d'une ingénieuse noria, grande roue grinçante, enfonçant, remontant des godets qui versent une belle eau pure dans un canal qui en alimente de plus petits, nommés *séguias*, destinés à arroser copieusement le sol et à lui faire rendre cent pour un.

L'indigène fait argent de tout ce que produit son jardin. Il a si peu de besoins ! Je parle du *khamès* (1).

Pour deux *caroubes* (2), il a un pain ; pour deux autres, il a un peu d'huile. Il s'accroupit sur sa natte, trempe son pain dans son huile. *El Amd'oullah !* (3) du creux de sa main s'abreuve de l'eau qui coule à côté, indifférent aux microbes qui peuvent la corrompre, car tout est écrit ! *Mektoub* (4), et ce qui doit arriver, arrive sûrement.

Quand il peut faire la folie de s'offrir un régal, il additionne son huile de quelques morceaux de sucre : Un vrai festin !

Le piment de feu offre une variété à ce repas peu coûteux. Il l'écrase dans son huile ; son palais est cuirassé, semblable à la plante de ses pieds devenue matière cornée qui lui permet de marcher impunément sur des figuiers de Barbarie.

Ils sont parfois si pauvres, ces malheureux bicots, qu'ils n'ont souvent pas de pain. J'ai connu une famille de nègres si misérable que les femmes étaient réduites à ramasser des feuilles de mauves pour sub-

---

(1) *Khamès* : Fellah, cultivateur travaillant le bien d'autrui.
(2) *Caroube* : Monnaie tunisienne valant environ dix centimes.
(3) *El Amd'oullah !* : Dieu soit loué.
(4) *Mektoub* : C'est écrit ; le Destin.

venir aux besoins de leur famille. Quel horrible cataplasme !

* * *

Le couscouss apparaît rarement sur la natte de cette catégorie de gens.

N'en déplaise à Littré, qui donne, du couscouss, la définition suivante : « Petites boulettes de viande frites à l'huile », le couscouss n'est autre chose que de la semoule travaillée à l'aide d'un peu d'eau, passée à travers un tamis, ce qui la réduit en de petits grains qu'on fait cuire à la vapeur, qu'on assaisonne, chez les pauvres, d'huile plus ou moins rance ; chez les riches, de beurre, de pois chiches, de légumes, de raisins secs et de viande.

C'est un mets excellent quand il est bien fait.

Le café joue un rôle important dans l'existence du musulman, chacun sait cela. Chez eux, chez le barbier, chez le cafetier, de nombreux amateurs, oisifs, indolents, ont éternellement la petite tasse de *caoua* [1] en mains, les jambes croisées sur les nattes, la cigarette aux lèvres, le bouquet à l'oreille.

Les uns causent, presque toujours d'argent ; les autres somnolent roulés dans leur burnous ; d'au-

---

[1] *Caoua* : Café.

tres jouent aux cartes, aux échecs, aux dames; ils sont très forts à ces sortes de jeux et en sont passionnés. Pendant ce temps-là, des joueurs de cornemuse, de flûte, de *derbouka*[1], charment les loisirs des flâneurs. On chante aussi, sur un ton nasillard, monotone, des sortes de complaintes au rythme endormeur.

---

[1] *Derbouka* : Instrument de musique ; pot de terre dont l'orifice est couvert d'un parchemin tendu, sur lequel on tambourine avec les doigts.

III

RHAMADAM — LE JUIF DANS TOUTE SA BEAUTÉ

C'est surtout au moment du Rhamadan, le carême musulman, que la foule circule le soir.

Tout le jour, les cités sont mortes ; l'activité disparue ; les Maures dorment pour tromper leur faim et leur soif, car pendant le mois de pénitence, ils ne peuvent ni boire, ni manger, ni fumer, ni visiter leurs femmes tant qu'il fait jour.

Un peu avant le *Meghreb*, coucher du soleil, les portes s'ouvrent, les indigènes paraissent, les rues s'animent, les cafés se peuplent. De grandes nattes sont étendues sur le sol devant les cafés parés de fleurs, pots d'œillets, de basilics ; de petites devantures s'étalent chargées de bouquets, gâteaux, pâtes de rose, cédrats, dattes confites, amandes, pois chiches, fèves grillées, cacaouettes, pistaches, raisins et figues sèches, car, ainsi que les enfants, les Arabes sont friands de sucreries. Puis des tas de sirops, grenadine, limon, orangeade, limonade et orgeat, appelé *rosalla*, sans doute parce que c'est blanc !

Ils sont là, ces grands flâneurs, interrogeant le couchant, l'horizon de braise où s'éteignent peu à peu les derniers rayons de lumière. Un bruit sourd : c'est le *Medfah*[1] ! le coup de canon de Tunis annonçant le coucher du soleil. Le *muedden*[2] monte au minaret criant aux quatre coins de l'horizon : *Allah Akbar !* Dieu est grand !

Aussitôt, animation générale ! Au dedans, comme au dehors, hommes, femmes et enfants mangent, boivent et fument avec frénésie. C'est le moment où l'odieux juif se faufile avec ses corbeilles, faisant profit de tout, ne perdant jamais la carte, âpre au gain, doucereux, l'échine souple sous le quolibet, l'injure que lui décoche sans trêve l'indigène qui le méprise souverainement.

***

Un Juif que nous appellerons Benini ou Yaccoub, fut chargé de porter une lettre chez un riche musulman de Nabeul.

Le serviteur du maître de céans qui avait une vieille dent contre Israël, dit au jeune et souple

---

(1) *Medfah* : Canon.
(2) *Muedden* : Représentant du culte musulman, chargé d'appeler les fidèles à la prière.

Benini : « Fils de chien, ôte la *chechia*[1] de ta tête impure ». Israël faisant le sourd, raconte ainsi sa mésaventure : « Je lui demandai pourquoi il insultait un pauvre garçon comme moi, il me donna une gifle ; je lui redemandai ce que je lui avais fait, et comme j'avais encore ma *chechia* sur ma tête, il me donna une seconde gifle ; j'ôtai ma *chechia*, je m'assis et je dis : « Merci ! » Alors il me laissa tranquille ! »

N'est-ce pas remarquable ce flegme du youtre ? Insultez, cognez, tout glisse comme sur une toile cirée, mais ne touchez pas à son pécule !

A Nabeul, la plaie, la gangrène, le chancre dévorant c'est le Juif qui grouille, tripote, vend, achète, crie, nasille, accapare, s'occupe de tout ce qui est louche, borgne, malpropre, semblable à ces grosses mouches noires nommées mouches à viande, qui corrompent instantanément les aliments qu'elles touchent.

Les rues fourmillent, ainsi que les *souks*[2], de ces profils de vautours ardents à la curée, le commerce est dans leurs mains. Quand une famille juive entre dans une ville : cette ville est perdue ! Bientôt ils se multiplient, ils arrivent de je ne sais où avec leurs femmes grosses comme des tonneaux, informes amas de chairs pendantes, bouffies, graisseuses, avec leurs fils qui, au maillot, savent déjà compter, avec leurs

---

[1] *Chechia* : Bonnet, calotte rouge
[2] *Souk* : Marché, bazar.

filles libertines se servant de leur beauté comme appât.

Soyez tranquille, tout s'achète, rien ne se donne. Vite, sauvez-vous, cela sent le juif, une odeur repoussante, nauséabonde ! car tout en tripotant l'eau sans cesse, cette race est sale, dégoutante, à ne pas toucher avec des pincettes.

Le musulman a l'horreur du juif, à telle enseigne que l'un d'eux disait un jour à mon mari en lui exprimant sa haine du peuple sémite :

— Ecoute, Sidi, couche-toi ce soir de bonne heure, lève-toi tard demain, si tu entends un peu de bruit dans la nuit, fais le sourd, quand tu te lèveras demain il n'y aura plus un seul Juif !

Il y avait 1,800 Juifs à Nabeul ! Avec quel entrain les 6,000 musulmans les auraient égorgés, et quel débarras !

Mais si le Juif est honni, détesté, le musulman est besogneux ; il est en retard pour l'impôt, il a besoin d'argent, il va où il est sûr d'en trouver : chez le *yôudi*.

Celui-là guette sa proie comme l'araignée le moucheron ; il se fait bon enfant, l'attire, l'allèche, vieux truc qui réussit toujours : « Prends, ne te gêne pas, tu paieras quand tu pourras, ce n'est pas pressé, prends ton temps, signe-moi seulement ce petit papier. »

Et le pauvre *qrbi*,(1) toujours enfant, heureux de

---

(1) *Arbi* : Arabe.

n'avoir pas à rembourser dans un délai rapproché signe la petite *carta* ⁽¹⁾ qui l'engage, qui bientôt le mangera, lui, sa maison, son jardin, jusqu'à sa chemise.

*_**

L'usure se pratique à Nabeul sur une vaste échelle ; le juif trône, domine, prête à mille pour cent ; il arrive, en peu de temps, à ruiner l'indigène.

Ecoutez plutôt cette petite histoire, absolument authentique :

Un Juif, ayant une boutique, vit venir un jour un Arabe du nom, je crois, de Mohamed ben Abdallah. Ce pauvre indigène lui acheta une *chechia* ; Mohamed n'avait pas d'argent pour payer la *chechia*, dont le modeste prix s'élevait à *cinq piastres* (trois francs).

— Ne te presse pas, lui dit Israël, tu paieras une autre fois..., plus tard..., signe la reconnaissance de ce que tu me dois...

L'Arabe, confiant, signa : c'était une reconnaissance, non de *cinq piastres* mais bien de *cent piastres* (60 francs) que lui avait libellée son usurier.

Au bout de trois mois, à l'expiration du délai fixé, l'Arabe ne put payer ; nouvelle reconnaissance encore plus élevée et ainsi de suite ; l'Arabe s'enfon-

---

(1) *Carta* : Lettre, effet de commerce, obligation.

çait de plus en plus, et la dette exorbitante s'augmentait toujours, tant et si bien, qu'au bout de très peu d'années l'indigène devait 2,500 *piastres* (1,500 francs).

Oui, vous avez bien lu ; quinze cents francs !!!

Il dut engager tout son avoir ; l'infect Juif fit tout saisir, la maison fut vendue, l'Arabe complètement ruiné.

L'indignation fut grande parmi les indigènes ; le misérable youdi reçut le nom de *Bou Chechia* (Père de la Calotte) et devint l'objet du mépris général. Ses coreligionnaires eux-mêmes le désignaient par ce surnom devenu légendaire.

Cette histoire vint aux oreilles de l'autorité, qui examina les titres de créance et de propriété du Juif, sur la demande de l'indigène qui réclamait sans cesse contre cette indigne spoliation. Il fût reconnu que Bou Chechia avait falsifié les titres, gratté et refait des actes. Il fut arrêté par le juge de paix, contrôleur civil d'alors, enchanté de pouvoir mettre la main sur un Juif et quel Juif !

Aussitôt après l'arrestation de Bou Chechia, le *Dar el Bey*[1] fut envahi par des centaines de youpins, qui vinrent supplier l'autorité de relâcher ce misérable. Ce fut en vain. Bou Chechia, escorté par des cavaliers de l'*Oudjack*[2], fut emmené à Tunis, remis aux mains du Parquet. Grand émoi dans Israël ! les Juifs

---

[1] *Dar el Bey*: Maison de l'Administration, du pouvoir, de la justice.
[2] *Oudjack*: Gendarmerie indigène.

crièrent, le Consistoire s'émut, le peuple sémite usa... de son influence et... Bou Chechia, relâché, revint triomphant à Nabeul au grand écœurement du fonctionnaire qui l'avait arrêté et au désespoir de l'Arabe Mohamed ben Abdallah le volé, le spolié !

Quelques mois s'écoulèrent ; Bou Chechia continuait son usure de plus belle, relevant fièrement son profil crochu d'oiseau de proie ; mais l'indigène ruiné veillait, prêt à se rendre lui-même une justice que la France n'avait pas su lui assurer.

Un beau jour, le protégé espagnol (car Bou Chechia était protégé espagnol), sa femme, ses enfants disparurent. On ne tarda pas à les retrouver tous au fond d'un puits, la gorge coupée. Abdallah, lassé de réclamer, fou furieux de l'audace de son usurier, était entré un soir dans le taudis du Juif, en tigre altéré de sang, affamé de vengeance, et avait égorgé Bou Chechia et sa progéniture !

Horrible histoire, n'est-ce pas ?

Ne croirait-on pas rêver en songeant que ces choses se passent à deux pas de nous, en plein XIXe siècle, dans un pays protégé par la France !

Ne dirait-on pas au contraire, que la civilisation, la justice, travaillent uniquement pour le plus grand bien de ces hordes dévorantes, envahissantes ? Il est plus que probable que si la justice française à Tunis avait infligé à Bou Chechia la juste punition que méritait son forfait, Abdallah n'en serait pas arrivé à une solution si tragique !

Méfions-nous ; la juiverie, pieuvre géante, étreint notre époque complaisante de ses mille bras visqueux. C'est l'hydre aux cent têtes, ivre de nous sucer jusqu'à la moelle. Les Juifs ont l'or ; bientôt la terre de notre France, de nos colonies, leur appartiendra, veillons ! Ils n'ont pas de patrie ; gardons la nôtre, de crainte qu'ils ne se l'approprient en vautours insatiables.

Autrefois, le Juif était moins qu'un animal, c'était un être honni, conspué. Il avait un costume spécial, il lui était interdit de se vêtir comme les autres hommes. On le bafouait, on le promenait sur un âne la figure tournée du côté de la queue du bourricot ! Et maintenant, on l'encense ! C'est le veau d'or ! c'est la puissance ! Hélas ! trois fois hélas ! où court notre grande liberté ? Dans un abîme où les Juifs la dévoreront infailliblement, si on n'y prend garde !

IV

VUE D'INTÉRIEUR — NAIVETÉ PARISIENNE — VIVRE SANS
S'AGITER — FEMME OU BÊTE ? — PAUVRE FATHMA !

Le *khamès* est sous la domination de son maître, l'Arabe riche arrivé. Celui-là possède des terres, des jardins, des maisons, des serviteurs. Le Koran lui permet quatre femmes. Bien souvent, il a pillé, volé largement l'Etat, tripoté, fait danser l'anse du panier beylical, vendu l'influence, dévoré l'impôt, mangé ses égaux, surtout ses inférieurs. Sa maison a l'apparence d'un palais, les tentures sont en soie, ce qui ne les empêche pas d'avoir des taches d'huile qu'on n'enlève jamais, des trous, des franges déchirées rarement raccommodées. Les meubles sont souvent luxueux, mais de mauvais goût.

Les commodes sont chargées de pendules de même forme, qui ne marchent pas, de fleurs artificielles sous globe, de tasses, assiettes, vases en porcelaine, en verroterie d'un goût détestable ; tout cela couvert de poussière. Malgré le musc, le benjoin, il se dégage de tout une odeur indigène, des contrastes violents, un enfantillage de fleurs, de dorures, de clinquant, une puérilité qui n'arrive pas à dissimuler que ce peuple enturbanné n'a pas encore fait un pas sincère vers notre civilisation ; à quelques exceptions près, il est aussi reculé qu'au temps de Mahomet.

Je sais bien que beaucoup d'entre vous, égarés par une passion arabophile injustifiée, vont crier au blasphème ! Ce qui est certain, c'est qu'en France on est très gobeur ; qu'on s'engoue avec une facilité extrême.

Un Arabe, vêtu d'un beau burnous, d'un riche turban, produit un véritable effet (et cela doit singulièrement l'étonner !). Chacun fait place sur le passage du burnous ; le peuple s'écarte, les grands se font abordables, les décorations pleuvent.

J'ai connu deux cheiks très petits, très *meskines* [1], très pouilleux ; l'un vivait dans un gourbi ; l'autre sous une tente de poil de chameau ; tous deux mangeaient, accroupis, leur couscouss avec leurs doigts. Ils furent ensemble à Paris, se faufilèrent ; pas trop bêtes et très intrigants, ils firent bien, car on les combla d'honneurs, de rubans, de distinctions ; les loges de théâtre, même celles de grands personnages s'il vous plait, leur furent offertes ; des salons de Paris leur ouvrirent leurs portes ; des femmes leur firent risette ; de jolis billets parfumés s'égarèrent dans leur *teurbouch* [2] et des landaus promenaient

---

[1] *Meskines* : Pauvres.
[2] *Teurbouch* : Capuchon.

mes cheiks aux Champs-Elysées. Eux, croyaient que « c'était arrivé », se prenaient au sérieux, acceptaient tous ces honneurs, avec un calme imperturbable. Survint une catastrophe : un grand enterrement ; bon nombre de fonctionnaires français durent s'effacer, faute de places ; heureusement qu'il s'en était trouvé pour les deux cheiks, étalant leur burnous au milieu du cortège de l'homme tant regretté, le martyr Carnot.

Oui ! j'aime l'Arabe, je suis éprise de son profil sculptural ; j'aime ces grandes momies si bien drapées ; j'aime ces silhouettes, à l'horizon, lorsque, après quelque temps passé en France, le mal du pays m'assiège, que j'ai soif et faim de soleil, de chaleur, de lointains radieux.

Je rêve de cette terre africaine, féconde, ensoleillée, aux puissantes mamelles, à la reproduction géante.

L'atroce mal de mer me paraît doux, parce que je reviens au rivage aimé, au pays charmeur qui m'a prise tout entière. Quelle joie de débarquer ! Mes *bicots* ! Bonjour, mes chers *bicots* ! Quel plaisir de les entendre parler leur belle langue imagée, de retrouver cette orgie de couleurs sous ce ciel en fête qui rit presque toujours, où il pleut de l'azur et de l'or !

Quinze ans de séjour en Afrique me les font bien connaître, ces pauvres *bicots*, dont Dieu me garde de faire le procès.

Ils nous craignent, mais ne nous aiment pas ; ce sont des enfants enclins à prendre nos vices, dédaignant nos vertus.

Et quel peuple paresseux ! C'est de cela qu'il meurt.

Quel lézard, que l'indigène !

Du haut en bas de l'échelle, ils dorment tous, ou font semblant de somnoler.

Le pauvre *khamès* fournit une petite dose de travail, celui-là, car il faut qu'il vive. Il gratte la terre avec une souveraine paresse : sa charrue imparfaite, jouet d'enfant, contourne tous les obstacles sans les détruire, parce que cela donne de la peine. Jujubiers, lentisques, encombrent son champ, occupent une bonne partie du terrain. Qu'importe ? *Allah Akhbar !* Dieu est grand ! il faut que tout vive.

Il restera bien quelque chose de la semence ! Pourquoi suer, peiner ? Pourquoi combattre les sauterelles ? Elles mangeront leur part, et nous laisseront la nôtre, disent-ils, dans leur indicible torpeur !

*
**

Le riche dort, fume, sieste. C'est son métier. En fait de science, il sait compter fort bien, trop bien même, car pour lui, la table de Pythagore n'a point de secrets. En fait d'art, il n'en connaît pas même le nom ; la musique, la peinture sont lettres mortes.

Le maître repose son intelligence, ne se fatigue pas. Le repas achevé, il fait la sieste, entouré de coussins, couvert de haïcks chatoyants.

Les femmes passent comme des ombres, les pieds nus amortissant le bruit de leurs anneaux lourds.

Allons, au hasard, dans une cité musulmane ; en voilà des burnous à l'état de repos !

Couchés, étendus, accroupis, ils sont le vivant emblème du proverbe musulman : « Il vaut mieux « être assis que debout ; couché qu'assis, mort que « couché ! » Quelques-uns causent, la plupart sont muets, immobiles, les yeux perdus, où ? on ne sait pas, sans souci du lendemain, sans souvenir de la veille. *Mekloub* ! c'est écrit. Tout arrive !

Au milieu de ces dormeurs, des caravanes passent ; elles viennent de fort loin, sans se presser, de Tunis, de Gabès, de Sfax ou de Kairouan.

Les petits ânes dociles marchent tout doucement, chargés des denrées qu'ils transportent ; les dromadaires s'avancent encore plus lentement ; les Arabes en guenilles, pieds nus, hâlés, suivent, leurs *bolras*[1] sous les bras ; les bêtes n'ont certainement mangé que l'herbe de la piste et les gens presque rien.

Néanmoins, les voilà, télégraphes ambulants, racontant les nouvelles ; pour eux, le temps n'est rien ; on arrive toujours un peu plus vite, un peu plus lentement. Le lendemain n'est-il pas là ?

---

(1) *Bolras* : Pantoufles en cuir.

Rodouah īn challâh [1]. Qu'ils sont loin de notre siècle enfiévré, de notre temps électrique, de notre chaudière surchauffée à toute vapeur, où notre civilisation se brûle par les deux bouts, insatiable et dévorante !

∗∗∗

Les mœurs féminimes tunisiennes ont été peu étudiées, l'intérieur musulman étant défendu aux hommes, et peu ou point de femmes s'en étant occupées. Il a fallu que je vive au milieu d'elles pendant longtemps pour les connaitre ; je les sais par cœur, elles sont toutes pareilles, à de très rares exceptions. Elles sont atteintes de maux incurables. Le manque d'éducation, une ignorance phénoménale, un matérialisme stupéfiant, l'absence *absolue* de moralité, enfin l'état d'infériorité où elles sont placées par l'homme.

Elles ne savent rien, ne connaissent rien ; elles vivent cloîtrées, aux prises avec la brute matière, sans que leur intelligence travaille jamais.

Elles ne peuvent ni lire, ni écrire, ni s'intéresser à rien de ce qui se fait de beau, de grand sur notre globe, et c'est l'homme qui en est responsable ; c'est lui qui le veut ainsi, puisque c'est son bon plaisir.

---

[1] *Rodouah īn challâh* : Demain s'il plaît à Dieu !

Quelque temps après le fonctionnement de la poste à Nabeul, une école de filles fut fondée et confiée à une institutrice française. L'autorité usa de toute son influence pour que tous les enfants fréquentassent l'école ; elle se heurta aux musulmans.

Un jour, nous causions avec le cadi de Nabeul, homme intelligent, très fin érudit.

— Pourquoi n'envoies-tu pas ta fille à l'école, lui dit mon mari, toi qui comprends les beautés et les bienfaits de l'instruction ?

Il secoua la tête en souriant et répondit cette phrase qui peint bien l'état des mœurs et des esprits :

— Comment voudrais-tu, Sidi, que j'envoie ma fille apprendre à lire et à écrire ? Vous nous avez mis partout des boîtes aux lettres : maintenant vous voulez apprendre à nos filles à écrire ; nous avons déjà tellement de mal à garder nos femmes ; si elles savaient lire et écrire nous ne pourrions plus les tenir !!

A cet argument, nous restâmes bouche bée. A quoi bon chercher à le convaincre ? Il aurait fallu longtemps pour lui expliquer qui si leurs femmes les inquiètent c'est de la faute des maris.

Pourquoi les enfermer pour leur donner envie de sortir ?

Pourquoi les priver de saine lumière, les forcer à patauger dans la boue, dans les ténèbres ?

Pourquoi les traiter en animaux domestiques dont les instincts se réveillent trop souvent.

Ainsi que le prouve ce petit récit, la confiance des indigènes vis-à-vis de leurs femmes est fort mesurée !

Pauvre créature ! elle n'est pas responsable ; privée d'air et de lumière, de liberté, elle oriente sa vie de travers ; c'est une plante mal dirigée : le soleil pénètre mal dans les cours carrées de leurs demeures ; il ne vivifie pas leur maigre cervelle de ses puissants rayons.

Toute petite, elle n'apprend que des choses qu'elle ne doit pas connaître.

De très bonne heure, elle connaît la vie, elle parle crûment de toutes choses, parce qu'on ne lui a rien caché. Elle sait qu'elle se mariera très jeune, qu'elle sera un instrument de plaisir et rien de plus.

C'est une servante, elle ne cause, ni ne discute (je parle toujours de la généralité). Elle moud le blé, fait le couscouss, enfile les piments, sèche les figues, prépare le café, sert le repas aux hommes de la maison, le père, le frère, le mari, sans pouvoir le partager avec eux.

Tout à l'heure, quand la divine espèce masculine aura terminé, elle mangera seule ou avec sa mère, ses sœurs, ses filles, étant d'essence très inférieure ! Elle ne boit même pas une petite tasse de café en présence du souverain maître. C'est tout au plus si elle croquera des fèves grillées ou des poids chiches devant son noble époux, car elle mâchonne perpétuellement quelque chose.

Entre femmes, elles sont curieuses, dévergondées.

Souvent, je les aurais battues tant elles me révoltaient ; mais elles sont excusables ; ce sont leurs mœurs ; l'éducation fausse qui leur est donnée le veut ainsi ; leur rôle passif de bête complaisante l'explique.

Ne croyez pas, du reste, que la Fathma ou la Khadoudja dont nous nous occupons actuellement souffre de sa condition : pas du tout.

N'ayant point connu de bien plus précieux, elle ne peut rien regretter ; pourvu qu'elle ait un mari qui songe à elle de temps en temps (car si le mari a trois ou quatre femmes, il faut qu'il partage ses faveurs) ; pourvu qu'elle mange, qu'elle ait de beaux vêtements, surtout des dorures et quelques fleurs artificielles sur sa commode, elle est satisfaite.

Sa cervelle d'oiseau ne réclame rien. Elle est plongée, jusqu'au cou, dans la matière, sans aucune idée d'art.

Un jour, je demandais à une femme arabe de bonne famille, en lui montrant ma photographie :

— Connais-tu cette personne ?

Très attentive, elle ne put me reconnaitre et s'écria tout à coup, comme si elle avait découvert le principe d'Archimède :

— C'est une chaise.

Ahurie, je la regarde, ne voyant pas au juste la comparaison qui pouvait exister : enchantée, pleine d'admiration, sans doute, de sa sagacité, elle pose son doigt sur la photographie.

En effet, c'était une chaise contre laquelle j'étais appuyée. Elle avait reconnu un *koursi* (1) et le criait dans toute la maison, comme une poule qui a pondu un œuf ; mais elle n'avait pas vu l'image humaine qui était à côté de la chaise.

* * *

Pénétrons dans un intérieur musulman, cela vous amusera, car c'est un fruit défendu ; mais, à ma suite, vous ne risquez rien. Nous sommes dans la cour intérieure ; voici nos *mouquères* (2) qui accourent pressées, affairées, curieuses, bourdonnantes comme des guêpes dont elles sont loin de posséder la sveltesse ! ! « *Slema Lalla* (3). Comment vas-tu ? Tu vas bien ? Et ta santé ? Sans mal ? Et ta maison ? »

Cela dure un quart d'heure. Elles parlent, parlent sans attendre même qu'on leur réponde, en vrais moulins à vent.

Elles vous touchent, elles vous palpent, considèrent curieusement votre toilette, en riant comme des folles sans savoir pourquoi.

La nature m'a faite petite, menue ; elles ne trouvent pas cela joli, font une moue significative en

---

(1) *Koursi* : Chaise.
(2) *Mouquères* ; Mot qui vient de l'Espagnol *Mujer* ; c'est-à-dire femme, et qui se prononce : *moukher*.
(3) *Slema* : Bonjour ; *Lalla* : Madame.

disant : *Meskine !* Ma simple robe de laine ne leur plaît pas ; elles semblent suffoquées qu'une *Lalla* de mon importance soit aussi dépourvue d'ornements. Elles arrachent mes gants, qu'elles considèrent stupidement ; mes bagues me font remonter dans leur estime ; elles se poussent le coude, disant avec respect : diamant ! et me demandent ce que je les ai payées !!! Puis, s'enhardissant, voyant que je suis de bonne composition, elles continuent leur interrogatoire ; cela devient fort épicé ; leurs yeux de chatte, allumés, brillent, et les gestes terminent les phrases d'une façon trop éloquente.

C'est toujours du mari dont il est question ; le mariage, les enfants, ritournelle inépuisable. « Comment ! tu n'as pas d'enfants, ton mari n'est donc pas bon ? »

Pardon, je m'arrête, je crois en avoir trop dit.

« — Pourquoi ta robe n'est-elle pas en soie ? tu as pourtant du *flous* ! (1) Que fais-tu chez toi ? tu as beaucoup de serviteurs ? »

Oh ! les insipides femelles ! Quelles cruches vides Allah leur a mises en guise de crânes !

Si vous avez un ou plusieurs fils, elles vous contemplent avec intérêt ; n'avez-vous que des filles ? peuh ! ce n'est presque rien : il faut aller au plus vite prier le Marabout dans une *zaouïa* (2) vénérée.

---

(1) *Flous :* Argent, monnaie, avoir de la fortune.
(2) *Zaouïa :* Sorte de mosquée, lieu d'asile, école.

Lorsque semblable infortune leur arrive, ce qui n'est pas réservé seulement aux occidentales, elles vont en *ziara*[1]. A travers la campagne verdoyante, sous le ciel bleu, se détachent, çà et là, des *zaouias*, lieu d'asile et... de rendez-vous : par bandes elles se rendent au saint pèlerinage.

Naturellement, elles y vont seules ; les maris, les frères sont exclus.

Le Marabout est mort depuis longtemps, néanmoins la visite est souvent efficace. On raconte que la *zaouia* n'est point solitaire. Il faut bien aider un peu la Grâce divine et... elles n'y vont que pour cela ! Allah a béni le ventre de Fathma pour la plus grande gloire de son prophète !

---

[1] *Ziara* : Pèlerinage.

V

PETITS BICOTS — LE CAFÉ OU LA MORT — LA MOUQUÈRE YASMINA — LIT THÉATRAL

Enfin, me voilà assise sur un canapé de la chambre étroite, longue, obscure, qui existe dans toute maison arabe, et le troupeau, toutes les Fathma, Aïcha, Khadoudja, autour de moi, continuant l'examen de la Lalla Yasmina.

On me présente les enfants, de beaux petits enfants, ma foi ! Ils pleurnichent bien un peu, font bien les sauvages ; quelques bonbons les apprivoisent.

Qu'ils sont drôles, avec leurs babouines barbouillées, leur frimousse éveillée, leurs yeux noirs ; ils sont coiffés, les petits garçons, d'une *chechia* rouge chargée d'amulettes ; une petite chemise, un gilet, leur couvrent à peine le ventre ; les anneaux d'argent qui ceignent leurs chevilles constituent le reste du vêtement. Je parle des petits, de ceux qui ne dépassent pas trois ou quatre ans.

Une femme porte du café dans de toutes petites

tasses ; il est très bon, quoique trop épais, car on le sert avec le marc qui reste au fond. Que vous aimiez le café ou que vous ne l'aimiez pas, il faut le boire, de crainte de les vexer ; il y a souvent, accompagnant le café, des petits gâteaux au miel, aux dattes. Cela sent toujours le rance ; avalons quand même !

En avant, les parfums ! C'est une pluie d'essence de géranium, d'eau de roses qui vous tombe sur les cheveux, les mains ; il faut crier grâce ! puis elles s'amusent à vous mettre du *khol*(1) aux yeux, à vous dessiner des raies, des points noirs atroces sur les joues, le menton, avec un petit bâton trempé dans du *arkouss*(2). — Si vous vous laissez faire, bonasse, amusée, elles vous habillent à l'arabe, vous mettent sur le dos un tas de falbalas voyants, du rouge, du vert, du bleu, sans harmonie aucune, puis, la toilette terminée, elles sont ravies et s'écrient : « Maintenant, elle est belle ! »

Il faut alors s'accroupir sur le tapis, ce qui est fort gênant pour des jambes européennes et boire encore du café. Elles s'amusent follement, eh mon Dieu, moi aussi. C'est trop drôle !

Un jour, bien attifée en riche *mouquère*, bien enveloppée de couvertures, je fus introduite solennellement près de mon mari.

J'étais tellement changée, tellement grimée, qu'il

---

(1) *Khol* : Sorte de poudre d'antimoine dont les femmes se servent pour se noircir les paupières.

(2) *Arkouss* : Teinture noire.

ne me reconnut pas. Il vit de suite que c'était une Arabe de haute marque, grâce aux vêtements, et très intrigué, me faisait un tas de *salamaleks* jusqu'à ce qu'un éclat de rire, longtemps contenu, vint lui montrer la *mouquère* dévoilée.

***

Ce qui est joli dans la chambre arabe, c'est le lit : Imaginez au fond de la pièce, un petit théâtre peint, doré, décoré de jolies tentures, recouvert de belles étoffes, garni d'un tas de petits coussins de toutes formes, de toutes nuances.

Ces pauvres femmes sont condamnées à dormir avec toutes leurs dorures, chaînes, colliers ; l'homme le veut ainsi ; et comme elles ont quelquefois jusqu'à quatre paires de grands anneaux d'oreilles, pensez comme il est commode de se reposer ? Heureusement que les petits coussins sont là pour parer à la difficulté. Placés entre les joues et les anneaux, ils s'interposent pour le repos de la patiente, pendant que Mohamed, Ali ou Amar dort paisiblement, sans gêne, sans meurtrissure !

VI

FATHMA AU BAIN COMME AU TEMPS D'ÈVE — BOITE A POTINS
ÊTRE ÉTRILLÉE OU PÉRIR
ABSENCE DE POÉSIE CHEZ FATHMA

Chacun sait, et je l'ai déjà dit, que la musulmane vit renfermée. Elle sort néanmoins, bien enveloppée, pour assister à des cérémonies telles que les mariages, les circoncisions. Elle va ordinairement beaucoup au *hammam* (1). Elle en fait même un véritable abus, parce que cela lui permet de quitter sa maison, de se rendre ailleurs.

A Nabeul, les hommes vont au bain maure le jour, et les femmes la nuit ; singulière antithèse, n'est-ce pas ?

Soigneusement voilée, Fathma sort de chez elle au crépuscule. Elle passe, sombre fantôme, profilant son ombre épaisse sur la muraille de la ruelle tortueuse qu'elle rase, traînant ses pieds alourdis d'anneaux qui cliquètent dans la nuit.

---

(1) *Hammam* : Bain mauré.

Le *hammam* ouvre sa porte, la referme aussitôt, plein de mystère. Entrons. Une suffocation vous étreint. Quel étouffoir ! quelle obscurité, quelle étrange cacophonie et quelles émanations ?

Une vapeur intense, lourde, circule déjà dans la *maksoura* (1).

A la hâte, il faut se dévêtir, s'entourer de *foutâhs* (2) malgré la vieille duègne présente. C'est une lutte à soutenir : vous, parce que vous voulez vous couvrir convenablement ; elle, parce qu'elle veut enlever ce qu'elle considère inutile !

A tâtons, car c'est d'un sombre effrayant, il faut passer un ou deux petits corridors avant d'entrer dans la salle de bain. Dieu ! mais c'est l'enfer !

Quelles visions affreuses que toutes ces femmes nues et remuantes ! Sont-ce bien des femmes, au fait. Hélas oui !

Affairées, leurs cheveux dénoués, hérissés, flottant sur leurs épaules, elles sont là, caquetant comme des corneilles, jetant de l'eau nauséabonde à tort et à travers, pataugeant avec une félicité excessive sur les dalles gluantes dans cette atmosphère de chaudière, dans l'obscurité, noyées dans la buée épaisse que dégage la vapeur. Elles crient, s'interpellent, les voûtes du *hammam* répercutent le son ; c'est un tapage infernal.

---

(1) *Maksoura* : Vestibule qui précède toute habitation, ou bain maure.
(2) *Foutâh* : Morceau de cotonnade à rayures voyantes.

Des enfants nus comme de petits vers se trémoussent, s'éclaboussent. Ils crient, trépignent, résistent à leur mère qui, bon gré malgré, leur jettent des pots d'eau, les frottent avec rage.

Du reste, elles ne s'aperçoivent pas de leur prodigieuse indécence, continuent à se râcler avec du savon, avec du *tefel* (1) tout en criant, pérorant, gesticulant.

Elles lissent leurs cheveux, les enduisent d'huile, de *henné* (2) qui teint en rouge carotte. C'est leur suprême délassement.

De vieilles femmes desséchées, dont les formes (si formes il y a) excentriques excitent mon hilarité, offrent leurs services ; ce sont les masseuses. Elles s'acquittent de leur tâche avec un tel acharnement qu'on se demande comment il vous reste de la peau sur les os après pareil exercice.

C'est au bain maure que se font les potins, que se content les nouvelles.

En rentrant chez elle, Fathma est au courant de ce qui se passe et de ce qui ne se passe pas, car Fathma est très potinière comme les pareilles de sa race et hélas ! souvent de la nôtre, à l'esprit inculte, inoccupé, oisif, au moral maladif, dépourvu d'équilibre, rongé de désœuvrement.

**

---

(1) *Tefel* : Sorte de terre glaise parfumée employée comme savon.
(2) *Henné* : Plante servant de teinture. C'est le *Lawsonia inermis* de la famille des Lythracées.

Si l'accès de la rue leur est interdit à moins d'être soigneusement voilées, il n'en est pas de même pour les terrasses où elles peuvent circuler en toute liberté.

Il est avec le Koran des accommodements ! Du haut des maisons, elles voient, sans être trop vues ; aussi avec quel empressement elles escaladent les terrasses !

Au soleil couchant, voyez-les donc sortir de leurs trous, grimper. Et les caquetages de commencer, et les regards curieux dans les maisons voisines, vers la rue les douces œillades du côté du fruit défendu : les hommes.

Ah! tu peux empourprer l'horizon de tes splendeurs magiques, soleil triomphateur !

La terre, les cieux sont baignés d'or.

Le bleu, le rose, le lilas flottent dans la douceur exquise du soir. Les minarets, les coupoles des mosquées sont teints de reflets divins que les derniers rayons dorés éparpillent sur la nature entière.

La mer frissonne, diaprée d'étincellements multicolores ; toutes ces splendeurs chatoient ; les rayons, les ombres enveloppent la Fathma de la terrasse sans qu'elle se soit aperçue un seul instant de cette fantasmagorie miraculeusement belle. Elle n'a rien vu : ni l'or, ni la pourpre, ni les reflets de braise incendiant la crête des monts bleus qui bornent l'horizon, ni la vague étincelante, ni le nuage rose qui se fond dans l'éther profond. Elle n'a pas su se taire, arrêter son babillage futil, regarder l'immensité rayonnante et dire du fond de l'âme, apaisée, recueillie : « C'est beau ! »

Elle ne pense pas ; elle vit quand même !

VII

FATHMA A L'ENGRAIS — HISTOIRE DE TROIS SŒURS — NOCES
DE FATHMA — CHEZ LA MARIÉE — PROCESSION
SOLENNELLE — LA NUIT TOUS LES CHATS SONT GRIS

Il est permis aux femmes arabes d'assister aux noces ; c'est leur plus grande distraction. On en parle longtemps d'avance, car elles restent fort bien plusieurs années fiancées, quoique se mariant très jeunes. Le célibat est inconnu chez elles. C'est un état d'opprobre, et la jeune fille musulmane que son promis délaisse est considérée comme *machi meleha*[1].

J'ai connu trois filles de bonne famille à Nabeul, trois sœurs, nommées : Cheurbia, Ouria, Nessria, fiancées depuis douze et quinze ans ; elles se desséchaient..... moralement, car elles étaient grosses comme des toupies, étant à l'engrais depuis fort longtemps dans l'attente du grand jour.

Vous ne savez peut-être pas que la beauté de la musulmane réside dans l'épaisseur des chairs et que

---

[1] *Machi meleha* : Pas bonne.

pour être en parfait état, à point, le jour des noces, on engraisse la fiancée tout comme une oie de Toulouse en l'enfermant dans une chambre obscure où elle est immobile, digérant en l'honneur de son futur époux, des boulettes de maïs et du couscouss assaisonné d'arsenic. Si on ne lui cloue pas cruellement les pattes, on procède comme si on voulait en faire des confits ! ! !

J'allais très souvent visiter ces trois filles. Elles étaient relativement bien élevées, brodant à merveille de belles étoffes soyeuses avec des fils d'or, d'argent, sur de grands métiers, tout en poussant de gros soupirs à l'adresse de leur fiancé si peu pressés !...

Avec elles, j'apprenais la belle langue de Mahomet ; j'étudiais leurs mœurs suivant le programme que je m'étais tracé.

Elles composaient un tas de plats bizarres, de petits gâteaux au miel, au beurre, aux amandes, aux dattes ; c'était assez bon et fort amusant à voir faire.

Leurs parents étaient morts ; il ne leur restait qu'un frère, qui, de temps en temps, harcelé par ses sœurs, disait aux fiancés : « Eh bien, à quand la « noce ? Il serait temps d'y songer » ; les fiancés apathiques répondaient mollement : « Oui, ce sera « au moment des *zitoun* (1), puis, ce sera pour le « *rebiâ* (2).

---

(1) *Zitoun* : Olive (sous entendu récolte des).
(2) *Rebiâ* : Le printemps.

Le printemps semait ses fleurs, les fleurs montaient en graine comme les trois délaissées, mais celles-ci du haut de leur terrasse, comme Mme Malborough, ne voyaient rien venir !

C'étaient des lamentations sans fin, des pleurs, des invocations ardentes au marabout vénéré Sidi Medjdoub, où de vieilles duègnes loqueteuses allaient le soir, à la nuitée, porter des cierges en leur faveur : c'étaient des amulettes, rubans ou chiffons, qu'elles donnaient à de petites filles pour accrocher à l'arbre sacré, caroubier ou lentisque, qui étend là-bas dans la plaine ensoleillée ses rameaux protecteurs chargés de loques. Cet arbre est sacré, on ne peut y toucher sans être frappé de mort. Il est *tabou* [1], donne réussite aux Croyants.

Malgré ces prières ferventes, la grande affaire n'avançait pas ; et, cependant, tout était prêt ; les trousseaux dormaient dans de grands coffres ; depuis dix ans on emmagasinait du blé, de l'huile pour le festin, on engraissait force bœufs et moutons ; mais les mois passaient toujours !...

« Lalla ! Lalla ! tu es notre mère, notre sœur ;
« prends pitié de nous ! Vois notre misère ! Qu'a-
« vons-nous fait au ciel pour subir tant d'affronts ?
« Nos amies sont mariées depuis longtemps ! Nous
« maigrissons, les larmes nous défigurent ! Nous ne
« pouvons résister à notre peine ; ou qu'on nous

---

[1] *Tabou* : Sacré.

« épouse ou qu'on nous divorce, nous voulons la
« noce ou la *carta* qui nous rendra notre liberté ! »

Entre parenthèses il faut dire que ces pauvres filles étant fiancées, étaient, selon la loi musulmane, la propriété de leurs futurs, condamnées au célibat par le bon plaisir de ceux-ci, et ce qu'elles souhaitaient avec acharnement c'était non leur union mais la liberté leur permettant de rentrer dans la circulation.

« Si cet état continue, ajoutèrent-elles dramati-
« quement, nous boirons du poison ; on nous
« trouvera froides ; la malédiction d'Allah retombera
« sur leur tête ! »

Rentrée chez moi, encore toute vibrante de leur désespoir, j'intéressai mon mari à leur cause.

Il fit de douces remontrances aux trois fiancés, qui écoutèrent ses sages conseils, furent touchés de remords, et la noce fut décidée. Les trois cérémonies devaient se faire le même jour.

Le caïd, un beau vieillard à barbe blanche, excellent homme, fut ravi de cette solution qu'il désirait, et les fiancés prirent gaillardement leur parti.

Quelle joie pour moi de courir annoncer la bonne, l'incroyable nouvelle à mes protégées ! Rien ne peut peindre l'état de délire avec lequel elles accueillirent la cessation de leurs maux.

Elles couvraient de baisers et d'heureuses larmes mes mains, ma robe, mes pieds ! Une folie, une ivresse inouïes !

Comme une traînée de poudre, la nouvelle se répandit ; la maison prit un air d'allégresse ; des femmes de toutes conditions affluèrent chez les fiancées pour les complimenter, offrant leurs services, prêtes à ingurgiter la plus grande portion de viande et de couscouss ; avides, curieuses, impatientes de profiter d'une si bonne aubaine ! Tout le monde se réjouit, car la ville entière est invitée à ces agapes monstres.

※

Quelques semaines s'écoulent en derniers préparatifs indispensables : les neuf derniers jours sont entièrement consacrés aux bains, aux ornements des mariées, à la préparation des gâteaux, friandises, sucreries de tout genre.

Pendant les trois dernières journées, la fête bat son plein ; des repas de Gargantua cuisent, rôtissent, mijotent dans la maison des fiancées où a lieu la cérémonie.

La cour intérieure se transforme : des nattes couvrent l'ouverture du haut, s'étendent sur le sol ; des bancs superposés s'étagent en amphithéâtre, formant une estrade recouverte de tapis.

Mes fiancées tiennent le milieu de l'estrade, ruisselantes d'or des pieds à la tête, de vraies idoles indoues, ayant plutôt formes de pagodes que de femmes.

Sur leur tête parfumée, huilée, étincelle le petit bonnet pointu constellé de paillettes d'or ; leur chemise d'étamine, rayée de soie multicolore, brodée merveilleusement de fils dorés, est recouverte par le joli petit gilet tout doré également ; un grand pantalon tout en or, raide comme une armure, très collant, leur descend jusqu'aux chevilles chargées de lourds anneaux en or massif appelés par harmonie imitative *khalkhal*(1).

Une grande *gandourâh*, sorte de robe flottante tissée d'or, tombe à leurs pieds, analogue à celle de peau d'âne, couleur de soleil ! Un voile en crêpe rouge brodé d'or couvre leur face enluminée de fard ; des chaussettes roses ou bleues, de petits souliers carrés en vernis blanc ou de teinte très claire, tenant en équilibre à la pointe des pieds, terminent cette apothéose.

Leurs mains, rouges de *henné*, noire de *arkouss*, ornées de bagues à tous les doigts, reposent sur leurs genoux, appuyées, étalées en ex-voto sur de petits coussins.

Leurs yeux béatement fermés sont pleins de *khol* ; leurs sourcils se rejoignent par un trait brun d'une dureté extrême, une paillette d'or miroite, collée entre leurs deux arcades. — Six jours avant l'exposi-

---

(1) *Khalkhal* : Anneaux de pied, en or, argent ou cuivre.

tion (car c'est une exposition !) des femmes empressées les ont fardées, maquillées, graissées, huilées, parfumées, décorées !.. Immobiles, pendant des heures entières on les a criblées de petits points noirs, rosaces et arabesques bizarres qui s'étalent sur leur menton, leurs joues, leur front.

Cette exposition dure trois jours, pendant lesquels elles sont là, vierges byzantines, rigides, environnées d'une foule féminine compacte, bruyante : durant trois jours, il leur est interdit de bouger, de faire aucun mouvement. Elles ne peuvent ni tousser, ni bâiller, ni se moucher. Elles ne doivent pas ouvrir les yeux, ni remuer la tête.

Si une mouche indiscrète bourdonne autour d'elles, elles doivent subir leur torture, à moins qu'une voisine charitable chasse l'insecte importun.

Si, songeant au sacrifice du soir, l'émotion provoque des larmes, une de leurs compagnes doit les essuyer bien doucement pour ne pas effacer le fard qui décore ces pauvres poupées.

Elles sont tellement alourdies d'or, de broderies, de grands anneaux, chaînes, colliers, bracelets, pendeloques qu'elles n'ont plus ni formes, ni taille. Ce sont des Bouddhas qui reluisent, insexuelles, dans leur splendeur bariolée.

⁂

Autour de l'estrade, à droite et à gauche des mariées assises, les jambes pendantes, se pressent les amies, les parentes, les femmes chic de la localité, une cinquantaine au moins.

Toutes magnifiquement vêtues, exhibent leurs dorures, leurs maquillages, la plupart jeunes mariées, très fières de leur titre d'*aroussa* [1] ; immobiles et muettes, elles complètent le tableau, ivres de plaisir, gonflées d'orgueil d'étaler leurs joyaux, l'esprit vide, le cœur terne.

Par terre, accroupie sur les nattes, la plèbe grouille, jetant des yeux de convoitise en haut, sur l'estrade, où les madones dorées reluisent comme des soleils.

Au milieu de la cour se forme un cercle de femmes : ce sont les musiciennes, les chanteuses, les danseuses qui vont jouer, chanter, danser à la louange des *aroussas* et des nobles invitées.

Si vous voulez attirer les bénédictions d'Allah sur votre tête, sur votre maison, jetez une pièce de monnaie au milieu du cercle; plus la pièce sera blanche et grosse, plus les prières seront ferventes.

Plusieurs femmes jouent du *derbouka* ou du *tebel* [2], qu'elles approchent de temps en temps d'un petit *canoun* [3] garni de braise, et où brûle de l'en-

---

[1] *Aroussa* : Nouvelle mariée.
[2] *Tebel* : Sorte de tambourin.
[3] *Canoun* : Sorte de brasero.

cens ; puis reprennent leur *tam-tam* avec une ardeur nouvelle. Les autres frappent leurs mains en cadence ; des *you-you*, cris stridents, s'échappent en fusées de leurs gosiers transformés en crécelles.

Elles chantent fort mal, d'une voix aigre, fausse, nasillarde, improvisant selon le rythme lent ou rapide du *derbouka*, sans rime, sans règle, à leur idée : « Que tu es belle, jeune mariée avec tes yeux « de gazelle, ta robe d'or, tes cheveux sombres « comme la nuit ! » et beaucoup d'autres choses ayant trait à la cérémonie du soir dont elles parlent avec des sourires, des gestes qui font frémir, et que les convenances m'interdisent de reproduire.

Les danses commencent. Du cercle se détache une femme recouverte d'une *gandourâh*.

Une *foutha* de soie est nouée fortement à sa taille, faisant saillir les hanches.

Ses mains agitent deux foulards.

Le rythme est d'abord doux, lent ; puis il s'accentue.

Elle se plie, elle ondule à droite et à gauche, en avant, en arrière ; elle serpente, se pâme ; son ventre suit le mouvement avec une précision mécanique ; il monte, descend avec une élasticité étonnante : un vrai ballon dirigeable !

Le rythme s'accélère, les tambourins résonnent frénétiquement, les *you-you* deviennent précipités, de plus en plus aigus ; la danseuse augmente ses contorsions, les foulards voltigent autour d'elle en ronde folle.

Exténuée, haletante, elle s'affale sur les nattes, reçoit les compliments des spectatrices, absorbe du café pour se remonter et fait place à deux, à dix qui recommencent le même exercice. Cela devient insupportable, écœurant! Allons voir un peu ce que font les hommes pendant ce temps-là.

Chez eux, la cérémonie est toute extérieure.

Après avoir passé un jour ou deux caché, loin de sa famille, le fiancé reparait, le dernier jour, superbement vêtu.

Un burnous d'une finesse extrême, gris de lin, rose ou bleu ciel, garni de glands de soie blanche, drape majestueusement ses épaules. Un gilet bleu foncé ou orange, galonné d'or, orne sa poitrine, la *gandourâh* de soie blanche recouvre le *seroual*(1) très clair ; des bas écrus, des souliers noirs vernis achèvent sa toilette. Sa tête brune s'encadre du riche turban soyeux.

Le voilà prêt.

Une foule d'hommes l'entourent ; les musiciens se groupent, les congrégations religieuses sortent de la mosquée leurs bannières rouges, bleues, vertes, dorées, au croissant étoilé ; la procession se met en marche, car oui, vraiment, c'est une procession solennelle qui parcourt la ville : une publication officielle des justes noces.

En tête, quelques musiciens, une foule de parents,

---

(1) *Seroual* : Pantalon bouffant.

d'amis, d'invités, de curieux défilent lentement.
Puis viennent les congrégations religieuses, les
chantres psalmodiant les versets du Koran, ayant
une grande analogie avec notre plain-chant romain ;
ils crient à perdre haleine ; de vrais énergumènes ; le
tam-tam accompagne en cadence. Les musiciens font
rage sur leur *derbouka* qu'ils chauffent de temps en
temps sur des braseros porté par de jeunes garçons.
De vieux musulmans marchent au milieu du cortège,
portant sur leurs épaules, attaché par des courroies,
une sorte de petit tambourin très bombé, au son
creux, sonore, frappé par des baguettes dont sont
armés des indigènes qui suivent.

Des danseurs apparaissent. Ils sont vêtus de robes
blanches assez amples, courtes, et tout en dansant
(si on peut appeler leurs contorsions une danse)
jouent d'un instrument.

Les uns tirent des sons aigus d'un fifre ; les autres
obtiennent des modulations bizarres à l'aide d'une
flûte en roseau ; d'autres soufflent dans une cornemuse nasillarde.

C'est monotone, tantôt sourd, tantôt aigre : une
mélopée traînante d'allure mélancolique, d'un éclec-
tisme assurément douteux, mais conservant néanmoins un grand cachet d'originalité.

Enfin ! voilà le marié. Il s'avance à tout petits pas,
comme à regret. A droite et à gauche sont les deux
derniers mariés de la localité qui se relient à lui par

deux foulards qu'ils tiennent tous les trois, formant chaine.

Les oriflammes, les bannières, portées derrière lui, s'arrondissent sur sa tête en un dôme éclatant.

De petits enfants agitent devant lui des encensoirs d'où s'exhalent des fumées de benjoin.

La procession se déroule à travers les rues, en serpent multicolore ; les curieux envahissent les places, les portes s'entre-bâillent, démasquant à demi des silhouettes, ombres curieuses ; les terrasses se garnissent de blancs fantômes, femmes voilées jetant dans l'air pur le *you-you* traditionnel, signe de réjouissance.

Et par-dessus toute cette orgie de teintes, ces cadences, ces danses convulsives, le grand soleil verse ses torrents de lumière, éclaire cette ivresse, rayonne sur cette fantasmagorie, chatoie sur les burnous clairs, étincelle sur les bannières dorées, sourit au peuple des croyants qui crie à toute volée en fanfare éperdue : Dieu est grand, Dieu est grand !

Ceci se passe sur les deux heures après-midi et dure jusqu'au soir.

A la nuit, la foule, rassasiée des vastes couscouss qu'elle a engloutis, se disperse.

Quelques femmes seulement restent près de la mariée, ce sont des parentes, des amies. On l'attife. Encore un peu de *khol* aux yeux ; encore un peu de benjoin ; puis on l'entortille comme un colis. Une matrone, la doyenne, se multiplie autour de la victime que l'on va conduire au sacrifice... chez son mari.

Ainsi méconnaissable, transformée en paquet de laine sombre, escortée des femmes qui soutiennent ses pas chancelants, la jeune *aroussa* pénètre chez son maître, s'installe dans la chambre nuptiale.

La maison est déserte ; le silence de la nuit n'est troublé que par les *you-you* perçants des femmes présentes, disant adieu à la jeune épousée. Une veilleuse vacillante éclaire d'une lueur pâle la chambre solitaire où la mariée reçoit les derniers baisers de sa mère, de ses sœurs en larmes.

* * *

La voilà seule, assise sur un canapé, rigide, immobile, dans sa posture d'idole, les mains sur les genoux, les yeux fermés, recouverte du voile épais que soulèvera bientôt celui qui ne la connait pas. J'espère pour elle que son cœur fait tic-tac, car le grand moment est venu.

Un bruit sourd ! C'est la foule des amis qui, à leur tour, accompagnent l'époux chez lui.

Au seuil de sa maison, il écarte violemment ses camarades, traverse la cour en ouragan, bouscule les femmes qui s'enfuient, ouvre avec fracas la porte de la chambre nuptiale, la referme vivement, et... soulève le voile de la femme qui est sienne, et qu'il contemple pour la première fois !

Si elle est belle, tant mieux ; si elle est laide, tant pis ! Il n'a, du reste, aucune idée de la vraie beauté : l'essentiel pour lui est qu'elle soit bien engraissée, en dinde lourde, et qu'elle soit « bonne », c'est-à-dire « intacte », ce qui n'est pas toujours certain, malgré sa vie de nonne cloîtrée !.. Le mari, armé de ciseaux, coupe une mèche des cheveux de Fathma toujours immobile ; ne croyez pas que ce soit pour les conserver dans un médaillon, c'est simplement pour affirmer son pouvoir dominateur. D'une petite baguette, il lui donne ensuite trois coups sur les doigts. Agréable présage !

Au dehors, la foule a disparu ; la nuit calme et sereine endort la nature, assoupit les bruits extérieurs ; tout se tait.

Que se passe-t-il dans le cœur de ces deux êtres qui ne se sont jamais vus, ou de bien loin ? Quelle communion d'âmes, quelle harmonie peut naître à ce moment suprême où il est si doux pour quelques-uns de donner sa vie dans un baiser !

Rien de tout cela, hélas ! la rude matière les engloutit, et la petite veilleuse souvent n'éclaire pas que des désillusions morales !

L'aurore se lève parfois sur des regrets matériels et Mohamed ou Ali refuse alors la marchandise avariée, que les parents reprennent avec douleur, non pas à cause du scandale qui peut en résulter, mais parce qu'il faut rendre l'argent : le prix payé ne répondant pas à la valeur de la marchandise livrée.

Les époux divorcent, du reste, avec une telle facilité, qu'on peut aisément tenter l'expérience. — Il suffit au mari de dire à sa femme : « Je te divorce par trois fois » ! pour que le lien soit brisé, la *carla* [1] déchirée.

Le cadi lui-même, malgré son autorité en pareille matière, est impuissant à retaper les choses.

L'homme divorcé peut se remarier de suite ; la femme doit attendre quatre mois.

---

[1] Ici le mot *carla* est employé pour désigner le contrat de mariage ou pour mieux dire le contrat de vente.

VIII

CIRCONCISION — DÉCÈS — PLEUREUSES ANTIQUES
C'ÉTAIT ÉCRIT !

Les circoncisions ont lieu en grande pompe, avec le concours de musiciens, au milieu de chants, de réjouissances.

Les petites victimes, revêtues de beaux habits, exécutent la procession accoutumée autour de la ville, tous reliés les uns aux autres par des foulards ; les étendards flottent au vent, la foule se presse, pendant que le *tam-tam* résonne.

Chez les parents des enfants, des moutons rôtissent, le couscouss fume, et les bouches des assistants se préparent à en avaler le plus possible pour la plus grande gloire d'Allah.

Exhibition nouvelle de dorures et de chiffons chez mesdames les *arbicottes !*

Ces fêtes durent plusieurs jours.

Lorsque dans une maison il se produit un décès, la plus proche parente se place au milieu de la cour, pousse des hurlements aigus sur deux notes, toujours les mêmes, pour témoigner de sa douleur et attirer les voisines.

C'est leur manière de faire part.

Aussitôt les terrasses se peuplent, des ombres glissent hors des maisons, se rendant au domicile mortuaire. Elles trouvent l'affligée en sang, se lacérant les joues à coups d'ongles, se labourant la poitrine, s'arrachant les cheveux tout en continuant à pousser des cris suraigus.

Immédiatement, les amies jettent leurs couvertures à terre, hurlent sur le même ton perçant, s'égratignent à pleines mains. Ce ne sont plus des femmes désolées, souffrant d'une inconsolable peine, mais des furies rappelant la sombre Parque mythologique.

Qu'importent aux visiteuses les blessures qu'elles s'octroient bénévolement ? N'y aura-t-il pas, le soir après les obsèques, une bonne part de viande et de couscouss ? et en antiques pleureuses, elles continuent à se déchirer avec rage.

Pendant ce temps-là, le mort rigide attend qu'on l'emporte en terre, ce qui ne tarde pas, les musulmans ayant l'habitude d'expédier leurs morts rapidement.

Les enfants rient, jouent autour du défunt pendant que les femmes hurlent ; poules et coqs picorent, grimpent sur le cadavre sans que les personnes présentes s'opposent à cette profanation.

Le corps est alors roulé en momie dans une *melafah* (1), déposé sur une sorte de brancard recouvert d'une étoffe plus ou moins riche, selon la situation qu'il occupait, et porté par des amis, accompagnés des parents et de prêtres qui psalmodient.

Là-bas, sous les oliviers cendrés, luisent, çà et là, des taches claires ; ce sont les tombes blanchies à la chaux, jetées sans symétrie, au milieu des marguerites au cœur d'or et des asphodèles *lilatées* ; le soleil se joue sur les buissons, où lutinent de gais papillons, où se cachent les oiseaux piailleurs.

Rien de lugubre, point de sombres cyprès, de croix, d'épitaphes désolées, de couronnes funéraires rappelant les grandes douleurs inconsolées ; rien d'attristant dans ce champ inculte où la végétation luxuriante s'épanouit autour de ceux qui éternellement reposent.

On gratte la terre, on dépose le corps et, sans cercueil, le mort est couché, recouvert de quelques dalles.

Demain, on posera sur la terre une pierre horizontale, une autre pierre verticale à la tête si c'est un homme, une dernière aux pieds si c'est une femme, et on déposera un plat de couscouss et une gargou-

---

(1) *Melafah* : Grande pièce de cotonnade blanche dont la longueur varie selon la qualité du défunt.

lette pleine d'eau, afin que le trépassé mange et boive à sa fantaisie.

Pendant trois jours, les parents et amis du mort restent à causer sur la tombe afin de l'habituer insensiblement à sa solitude. Ils parlent, ils rient : pourquoi se désoler ? C'était écrit ! Ils mangent, boivent, insouciants et fatalistes, se garnissent la panse, marmottent quelques versets du Koran afin que le défunt jouisse en paix des houris du paradis de *Mohamed Ressoul Allâh !* [1].

---

[1] *Mohamed Ressoul Allâh !* : Mohamed prophète de Dieu.

DEUXIÈME PARTIE

CHEVAUCHÉES CHAMPÊTRES

A TRAVERS LA PRESQU'ILE DU CAP BON

I

OU YASMINA VOUS PRIE DE LA SUIVRE AU CAP BON.
L'OUED SECCO
BENI-KHIAR ET LES JARDINS DU PARADIS TERRESTRE
MAMORA — CORBA

La presqu'île du cap Bon, qui commence à Nabeul, se termine à Rass-Addar.

Si vous le voulez bien, je vous invite à me suivre pendant quelques jours.

J'espère que vous ne vous ennuirez pas trop. Nous voyagerons à cheval (car il n'y a pas de route carrossable) par le soleil qui chauffe parfois un peu trop, par la pluie qui mouillera peut-être nos burnous, par le vent assurément, car il fait là-bas des vents terribles ! des vents à.... décoiffer tous les *bicots* !

Je vous préviens que ce ne sera pas toujours confortable. Nous coucherons quelquefois sur la dure ; nous mangerons des cuisines incroyables, lorsque nos cantines seront en retard, ce qui arrivera sans doute, car les mulets sont têtus, mais têtus comme des ânes rouges ! et les chemins fort mauvais.

Malgré cela, je vous affirme, foi d'Auvergnate ! (et on ne ment pas au pays de Vercingétorix) que nous nous amuserons. Ce sera drôle, peu ordinaire, que cette promenade en plein pays arabe, dans cette superbe contrée sauvage, pendant ce beau mois de mai, qui transforme la Tunisie en un vaste jardin fleuri.

Nous passerons, joyeux, à travers les cistes en fleurs, au milieu des buissons bleus et odorants du rustique romarin, avides d'air pur, de lumière, d'horizons vastes, lumineux, inconnus.

Oui, inconnus, car je vous mène là où la civilisation n'a pas passé, là où des pieds européens n'ont encore pas foulé l'herbe fleurie !

Allons ! en selle ! le soleil rayonne, une brise tiède murmure dans les rameaux d'oliviers ; les cantines, le linge, les vêtements vont suivre notre joyeuse caravane.

Nous allons échanger de gais propos, des impressions, des boutades pleines d'humour !

Êtes-vous prêt ?.... Votre monture est-elle solidement sanglée, car je ne vous réponds pas de l'excellence de la piste.

Nous partons. Bonsoir Nabeul ! Au revoir, dans quelques jours.

⁂

Tout aussitôt, nous entrons dans un étroit chemin hérissé de cactus de Barbarie qui forment la clôture des jardins.

Les bêtes avancent péniblement dans un sable fin, épais. Il y a quatre ou cinq kilomètres pour arriver au joli village de Beni-Khiar.

Nous laissons à gauche le petit bourg de Dar-Châbane, aux maisons frangées de piments rouges, d'un gracieux effet.

Un large ruban de sable qui barre la route s'étend jusqu'à la mer.

C'est l'*oued* Beni-Khiar, torrent impétueux l'hiver, actuellement desséché, que nous appelons l'*oued secco*.

Très étrange, cette grande rivière de sable, vaste d'aspect, sauvage, mélancolique, calme et déserte au grand horizon clair.

Çà et là, des bouquets, des ifs sombres, préservateurs du vent garantissent les jardins d'alentour, trouant le bleu du ciel.

Chose très curieuse, au milieu de cet *oued*[1], du

---

[1] *Oued* : Rivière; ruisseau.

côté de la mer, se trouvent des cavernes de fossiles agglomérés depuis des siècles : coquilles, huîtres, gastéropodes, la plupart gigantesques, qui, superposés en couches épaisses ont formé un roc plus dur que la pierre. Avis aux collectionneurs !

Sous la feuillée, percent les *koubbas* et les minarets de Beni-Khiar. Que de sable, grand Dieu !

Dans le chemin, avant d'arriver au village, deux maisons blanches se regardent, à travers les rameaux, muettes, silencieuses, avec leurs portes cochères lourdes, leurs fenêtres grillées.

Un parfum exquis flotte dans l'air ; ce sont les fleurs des jardins cachés précieusement par des haies de cactus.

Entrons donc un peu. Que c'est joli !

Les orangers sont blancs de pétales odorants ; les gerbes de jasmin s'élancent, s'entortillent autour des orangers, mariant leurs fleurs à leurs voisines en un chaste hymen ; des moissons de roses s'enchevêtrent en buissons embaumés.

Quel calme religieux, quelle souveraine tranquillité ! On a envie de parler bas ; cela fleure le tabernacle jonché de fleurs. On se sent devenir bon, doux, tendre, tant il fait délicieux, calme, reposant dans cet oratoire parfumé que Dieu a privilégié.

La maison, abandonnée par le propriétaire, un Arabe surnommé « Cabous », qui signifie pistolet (et c'est, en effet, un drôle de... pistolet), ressemble au palais de la Belle au bois dormant. Cabous habite

Beni-Khiar où il s'enivre régulièrement d'infect *spirito* (1). Aussi, ses affaires vont fort mal, et il sera obligé de vendre ce bel Eden s'il ne se corrige pas de son affreux défaut.

L'autre maison appartient à un riche musulman de Beni-Khiar, Bou Agina, qui vient passer l'été à « sa campagne » avec ses femmes, et entretient son jardin soigneusement.

C'est dans ce cadre solitaire et embaumé que M. Cherbuliez a placé son comte Ghislain, épris de solitude et dont la nostalgie devait assurément se plaire dans cet ermitage paisible ; pourquoi sa futile voisine Mme Fynch l'en a t-elle chassé ?

Beni-Khiar étincelle de blancheur ; propre, élégant, ce petit village n'est habité, en grande partie, que par des musulmans riches, de bonne famille, qui promènent majestueusement leurs *gandourâhs* roses et safran dans les rues larges, au café « select », sur le seuil de la belle mosquée à la coupole verte, couleur des chérifs.

De vastes cimetières au blanc de neige entourent Beni-Khiar, allongeant leurs tombes dans les fleurs épanouies, où les animaux paissent dans une douce quiétude.

Le village de Mamora se détache à travers les oliviers, tout au bord de la mer. A quelques pas se trouve une grande *zaouïa*, lieu de pèlerinage très

---

(1) *Spirito* : Alcool.

renommé que les femmes arabes apprécient fort et où elles vont faire leurs prières et leurs parties fines.

Toujours de beaux oliviers, des champs de palmiers nains, où culbutent joyeusement de noirs troupeaux de chèvres sautillantes, de jeunes chevreaux effrayés.

A gauche, deux points blancs, deux petits bourgs : Tazerka dans les oliviers ; Sommâ sur sa colline, où les indigènes récoltent des joncs dont ils font des coussins et des nattes de prière.

Au bout de quelque temps de marche, car nous filons bon train, nous apercevons, à droite, vers la mer, de grandes lagunes, des *sebkhas* [1], où l'on récolte le sel en abondance ; des flamants roses s'ébattent en compagnie de goëlands, de blanches mouettes, ivres de soleil et de liberté.

Encore du sable, des *tabias* bordées de cactus clôturant les jardins, une mosquée qui pointe sa tête crénelée : c'est Corba, l'ancienne *Curubis* romaine, sur sa colline en amphithéâtre.

Un riche Arabe de la localité vient nous saluer et nous entraîne dans son *dar* [2], pour nous offrir le *caoua* traditionnel.

Très chic, son installation ! Des tas de serviteurs, nègres et négresses, se démènent, curieux, empressés.

Le maître de céans conduit la partie féminine de

---

[1] *Sebkhas* : Lacs salés.
[2] *Dar* : Maison.

la caravane à ses deux femmes. L'une, un peu âgée, paraît reléguée au second plan ; c'est une doublure, assurément. L'autre, plus jeune, est superbement parée. On nous présente les marmots, il y en a dans tous les coins. Nous visitons le palais, très vaste, luxueux même.

Il y a surtout une grande chambre ornée de fresques à l'italienne, avec des glaces, des pendules muettes, des fleurs artificielles, bien entendu, qui font notre admiration. Mon amie Pauline est en extase devant le lit théâtral, criblé de petits coussins en forme de triangles de toutes nuances, qui festonnent en gracieux méandres sur les *haïks* [1] de soie.

Après avoir savouré le café et les petits gâteaux au miel et goûté les oranges et bananes récoltées dans le surperbe jardin, nous abandonnons Corba pour continuer notre expédition déjà pleine de charme.

La route sablonneuse reprend au milieu des joncs et des fleurs où se promènent, en une profonde sécurité, des bandes de tortues de toutes tailles.

Qu'ils sont jolis, ces petits reptiles, avec leur carapace jaune, verte, noire, luisante et cirée ! Ils nous regardent de leurs yeux de jais, confiants, rassurés ; le guide va nous en chercher quelques-uns, gros comme des écus de cent sous, ce qui disperse immédiatement la bande sous des touffes d'herbe.

---

[1] *Haïk :* Etoffe de fabrication indigène, de coton, de laine ou de soie, mais de couleur blanche écrue et à raie étamine et satin alternées.

II

CHARME PÉNÉTRANT DE SIDI OTHMAN — L'ANTIQUE CATON SUR LES RUINES DE LEBNA

Le pays est plat, l'orge jaunit, le maïs verdoie, irrigué par des norias primitives, mais d'un ingénieux système. Plus de grande roue grinçante où les godets sont accrochés et que le chameau tourne péniblement.

Ici, ce sont deux outres en peau de bouc qui montent et descendent dans le puits ; le tout est tiré par deux bœufs qui également montent et descendent une pente, piqués, conduits par un indigène. C'est d'un sommaire cette installation, et cependant cela donne une énorme quantité d'eau.

Au milieu de lentisques au vert sombre, sont éparses des ruines romaines : antiques vestiges, vieilles citernes, pans de murs écroulés. Un marabout blanc éclaire les énormes touffes de verdure ; c'est la *koubba* de Sidi Othman.

Un site vraiment remarquable ; les Romains savaient choisir l'emplacement de leurs cités.

La mer scintillante azure l'horizon. Au premier plan, de vastes lagunes, îlots, presqu'îles, baies microscopiques, mappemonde en miniature, où sont des flamants roses qui lissent leurs plumes flamboyantes. Aux pieds des ruines désolées, l'*oued* Sidi-Othman roule en silence ses eaux jaunâtres, bourbeuses, sous ses hautes berges désertes, semées de fins tamarins et de lauriers roses : la seule note gaie de ce mélancolique paysage.

Un silence profond plane sur ce lieu sauvage ; des oiseaux d'eau volent lourdement, effarouchés ; seul, un héron, perché sur une patte, nous regarde sans bouger. Vite, un crayon, c'est à croquer !

Au loin, dans la clarté transparente du ciel bleu, comme un nuage vaporeux, se profile la silhouette du fort Kelibia, le point le plus rapproché de la Sicile que l'on pourrait avec justesse nommer : « La Clef de la Tunisie française ». Une très légère brume nous voile l'île de Pantellaria distante de Kelibia d'environ six heures de barque.

C'est là que nous devons bifurquer, tourner à l'ouest pour nous rendre à Sidi-Toumi, où nous sommes attendus. Une ruine romaine nous paraît importante ; allons la visiter avant de quitter notre route.

Il n'y a, pour l'atteindre, aucune trace de chemin, Houp! un buisson! un genêt, un pied de *dyss !* [1] fran-

---

[1] *Dyss* : Herbe de la friche algérienne dont on fait un fourrage et la sparterie grossière.

chissons cette broussaille embaumée qui pousse à l'aventure dans les vieilles pierres. Ce sont les ruines de *Lebna*; partout des tronçons de colonnes, des chapiteaux, gisent mutilés.

**

Un vieil Arabe habite ces tristes vestiges du temps passé.

Il a toujours vécu dans une sorte de grotte, pratiquée près d'un arc de triomphe démantelé malgré le fameux ciment dont les Romains avaient le secret et qu'ils n'ont pas laissé à notre brillante civilisation.

Cet indigène et sa femme vivent comme des lézards dans ces vieilles pierres, cultivent un lopin de terre; une chèvre leur donne son lait.

Il est seul; sa femme est à Menzel-Heurr, petit village voisin de Lebna.

Il paraît heureux.

— Il y a longtemps que tu es là? lui demandai-je.

— *Men bekri!* dit-il, avec un geste de la tête en levant ses bras au ciel, ce qui signifie : « Bien, bien longtemps ! »

Sa figure a l'aspect d'un vieux cuir, ses joues lézardées ressemblent aux ruines dans lesquelles il a élu domicile.

Son réduit fait rêver ! Dans le trou de sa caverne,

une peau de mouton râpée étale sa maigreur ; c'est son lit, son seul luxe ! Dans un coin, placé sur trois pierres, un mauvais pot cassé constitue sa batterie de cuisine ; il y écrase les piments de feu qu'il sème et récolte, et qu'il va échanger à Menzel-Heurr contre un peu d'orge dont il fabrique un pain grossier qui l'alimente.

En abandonnant ce site, de loin encore nous pûmes contempler le profil de ce solitaire au milieu des ruines désolées, image de la sagesse antique des temps disparus où l'ombre de Caton planait vivante et stoïque.

III

**A TRAVERS LES LAVANDES — BENI-KHALED — SIDI-TOUMI
TYPE DE MARABOUT
RUCHE FÉMININE — LES ÉPICES SACRÉES**

Pour aller plus vite, car nous avons fait l'école buissonnière, nous coupons à travers champs ; il commence à faire chaud, le soleil darde des rayons que la brise n'arrive pas à atténuer. Au galop, dans les lavandes, dans les cistes, à la diable sur les touffes de palmiers nains ; la faim donne des ailes à nos montures ; la montagne est gravie, nous approchons du coquet village de Beni-Khaled dont la jolie mosquée s'ombrage de palmiers.

Ne nous arrêtons pas, l'heure s'avance, gagnons vite notre étape, la *zaouïa* de Sidi-Toumi, qui arrondit son dôme blanc sur la colline et où le marabout Si Salem Toumi, vénérable et vénéré chérif descendant du prophète, nous attend et nous reçoit avec une affabilité d'autant plus remarquable qu'elle émane d'un sectaire ardent, considéré comme un saint dans toute la contrée.

A mi-chemin de la petite colline où domine la *zaouta*, Si Salem, escorté de ses acolytes et de quelques musulmans, se tient debout sous un buisson ; à notre approche, il porte la main au turban vert qui encadre sa tête fine, puis la pose sur son cœur et à ses lèvres, selon la coutume orientale si gracieuse.

Ce geste amical prend une proportion d'énorme importance aux yeux des musulmans présents, car il est adressé à des *roumis* [1], par un saint derwiche.

Avec grande pompe, très noblement, Si Salem Toumi nous fait pénétrer dans sa maison ; nous nous reposons avec délices dans cette pièce fraîche et obscure, sur les nattes d'alfa qui sont étendues sur le sol, et nous contemplons tout à notre aise le grand représentant de Mahomet.

C'est vraiment un superbe type que ce beau vieillard, encore vert, au teint bronzé, aux yeux de flamme, au sourire attirant, à l'air inspiré, au geste noble, plein de majesté ; il se drape dans son burnous ainsi qu'un César dans sa pourpre !

Nous nous désaltérons avec ivresse d'excellent *raïb* [2], en attendant le déjeuner que Sidi Toumi veut absolument nous offrir.

Si Salem a deux femmes : l'une qui s'efface et dont je n'ai plus souvenance ; l'autre, petite vieille, ridée, fort intelligente, vient nous saluer ; elle parle aussi

---

[1] *Roumi* : Chrétien.
[2] *Raïb* : Lait aigre.

vite qu'un moulin à vent, avec une abondance de gestes, une profusion d'images impossibles à rendre. Elle paraît jouir d'une certaine autorité.

Elle nous raconte qu'après le déjeuner elle nous conduira, Pauline et moi, dans une maison voisine où il y a un mariage ; les femmes, dit-elle, seront ravies de voir des *roumias* (1), etc...: Nous acceptons et nous disposons à être sur la sellette.

Après le couscouss et les petits gâteaux, on nous apporte un mouton rôti : le *mechoui*, puis l'*acida* composé de semoule, d'huile et de miel. Nous escamotons une grimace, car c'est affreux ; du reste, nous n'avons plus faim et nous suivons M°™° Toumïa à la fête promise, laissant ces messieurs causer avec le marabout.

A peine entrées dans la chambre obscure, où se démène l'élément féminin, nous sommes assaillies par une bande de harpies, atrocement curieuses, qui nous tirent à droite, à gauche, nous bousculent, nous considèrent de haut en bas, avec des gestes sauvages, des éclats de voix incroyables. Peste ! quelle curiosité ! Elles veulent tout voir, depuis le voile de gaze jusqu'à nos souliers.

Il faut ôter les chapeaux pour qu'elles touchent nos cheveux dont la nuance blonde les surprend ; elles tirent les gants, trouvent nos mains blanches et veulent arracher nos alliances, ce qui leur vaut

---

(1) *Roumia* : Chrétienne, féminin de *roumi*.

une tape sur les doigts : « A bas les pattes ! mesdames de Sidi Toumi ! On ne touche pas à l'anneau de mariage des *roumias* ! »

Leur inspection continue, et si nous ne montrions pas les dents, Allah me pardonne ! elles voudraient voir jusqu'à.... nos jarretières.

On étouffe là-dedans ; ce mélange de benjoin et d'huile rance nous écœure ; il faut faire le coup de poing pour sortir de cette tanière ; nous rions comme des folles et ne cessons de répéter : « Mais ce n'est pas possible ! elles n'ont jamais vu d'Européennes ! » ce qui était parfaitement exact.

Le marabout nous déclare que jamais Française n'a franchi le seuil de la *zaouïa* de Sidi Toumi, et cela nous enchante !!....

Sur l'invitation que nous fait Si Salem nous allons visiter la mosquée attenant à la *zaouïa*. Nous traversons une cour carrée où se trouve un puits, ombragé d'un figuier énorme qui étend son magnifique feuillage sur la cour entière.

Il faut boire de l'eau sainte de ce puits, et cela n'est pas désagréable, car elle est bonne et d'une fraîcheur de glace.

Un silence religieux règne dans l'intérieur de la mosquée au milieu de laquelle est situé le tombeau de Sidi Toumi, ancêtre de Sidi Salem.

Ce tombeau, sorte de grand catafalque, est richement drapé de belles étoffes de soie vertes et rouges, frangées d'or.

Des pèlerins les ont rapportées de La Mecque après les avoir dévotement approchées de la « pierre noire » trois fois sainte. Des lampes, suspendues aux voûtes, entourent le tombeau et alternent avec des œufs d'autruche, creux à l'intérieur, renfermant la terre de l'Arabie Sacrée.

*_**

Après cette visite à la mosquée, nous voulons partir ; mais notre hôte Si Salem a ordonné un concert en notre honneur : nous ne pouvons pas faire autrement que d'accepter l'aubade : du reste, cela nous intéresse et il y a vraiment de quoi !

Nous voici tous accroupis sur des nattes. En face de nous, deux beaux nègres prennent place sur les paillassons, un brasero entre les jambes, d'énormes *derboukas* dans leurs plus énormes mains.

Et les voilà partis à frapper à tour de bras la peau des tambourins qui résonnent d'une façon étourdissante.

Si Salem jette de l'encens dans la braise ; une fumée s'élève, dégageant un arôme violent qui emplit la chambre, noyant chrétiens et musulmans dans une même vapeur.

Une petite fille, tenant deux foulards dans ses jeunes menottes, entre en scène et ondoie, souple et

féline, la danse du ventre que vous connaissez déjà.
Sa tête, modestement baissée, suit les ondulations de
son jeune corps, très harmonieusement, en parfaite
cadence avec le *tam-tam* qui accentue le rythme frénétiquement.

Les hercules noirs tapent avec rage, l'encens
s'élève autour de Sidi Salem qui profile son buste
noyé dans le nuage épais flottant, nous dévoilant
suffisamment sa tête inspirée.

La petite danseuse disparaît et alors se place ici
une scène fantastique, peu commune en vérité.

Sidi Salem, de son air prophétique, demande à
mon mari et à celui de Pauline s'ils désirent une
mâle progéniture.

Ayant répondu affirmativement, ainsi que nous,
le marabout va nous faire des passes, réciter des
prières sacrées pour qu'Allah nous accorde une
longue lignée.

Fort troublées, mais ne pouvant refuser, encouragées du reste par la présence de nos maris qui
s'amusent extraordinairement, nous voilà toutes les
deux entre les mains du saint marabout.

Si Salem nous fait étendre, à plat ventre, sur les
nattes, les mains croisées sur le dos. Les passes
magnétiques commencent.

Son pied nu se promène sur nos pieds, sur nos
mains, pendant que notre chérif récite d'une voix
forte et inspirée des prières ferventes accompagnées

du bruit sourd du *derbouka*, que les nègres agitent doucement.

Par trois fois, il crie d'un accent prophétique sur ma tête : « *Aïa Toumi amrhà — Toumi ! Toumi* fécondes-là !! »

Puis, il nous fait lever, et mâchant des clous de girofle, saisit nos mains (gantées heureusement) et y souffle ces épices sacrées.

Puis, il élève sur nos têtes ses mains agitées d'un tremblement nerveux imperceptible. Sa tête se renverse en arrière, en extase : il roule des yeux blancs, il étend les bras et, immobile, figé dans une profonde foi, admirable vraiment, il récite la grande prière musulmane, le *fata*, sur nos têtes inclinées.

Nous sommes tout à fait impressionnées et remercions le saint marabout de l'honneur prodigieux qu'il vient de nous faire.

Lorsque je dis l'honneur prodigieux, je n'exagère pas, car le *fata* récité sur la tête d'une chrétienne par un saint derwiche tel que Si Salem Toumi, descendant du prophète et du marabout Sidi Toumi, est un fait exceptionnel, qui marque d'un point intéressant notre occupation sympathique aux indigènes, dans cette Tunisie si fraîchement française.

Le marabout nous salue d'un grand geste toujours noble, nous disant : « Allez en paix, vous aurez des garçons ! » et je pense que si ta prédiction s'accomplit je te déclarerai trois fois saint : « ô Toumi ! ô Toumi ! »

En quittant la *zaoura*, un incident nous divertit : un joli bourricot gris, ivre de soleil, d'air pur, et ayant peut-être aussi respiré l'encens et compris les invocations de Si Salem, part à fond de train, au milieu de l'herbette où pait une jeune ânesse, troublée dans sa tranquillité par maitre Aliboron fort entreprenant.

Les paniers, placés sur le dos de notre âne, font la culbute au milieu de milliers de silènes roses et de marguerites blanches.

Nos sacs, nos couvertures roulent dans cette prairie émaillée ; monsieur l'âne n'en a cure ; il bondit, caracole, fait le fou tant et plus autour de la jeune ânesse tout émue.

Après mille peines, on saisit ce petit étourdi auquel il est fait une sévère admonestation.

De quoi se mêle-t-il ? Est-ce que, par hasard, il aurait pris pour lui les pieuses exhortations de Si Salem Toumi ?

Nous rions comme des fous ; décidément ce voyage est divertissant ; on y voit des choses extraordinaires : des Auvergnates, la face contre terre, dans des *zaoutas*, des pieds de saint marabout effleurant les mains, les jambes de ces auvergno-tunisiennes, et des petits bourricots folâtres semant les objets de toilette dans l'herbe fleurie ! N'est-ce pas du vaudeville ?

IV

DÉLICES DE MENZEL-BOU-ZALFA — RÊVE SOUS LES ORANGERS
FÊTE DU MOUTON

La contrée se dessine magnifique, verdoyante ; une douceur extrême attiédit les souffles légers du soir. L'horizon se diapre de reflets multicolores ; nous marchons vite pour arriver, encore au jour, à Menzel-Bou-Zalfa qui se dessine devant nous, noyé dans sa verdure, rosé par les pourpres étincelantes qui incendient l'horizon.

C'est une charmante cité que Menzel, bien tenue, souriante dans ses ombrages, entourée de merveilleux jardins qui ne le cèdent en rien à ceux de Nabeul.

Une jolie place, des palmiers élégants, une mosquée toute neuve ornée d'une énorme porte rouge et verte, nous impressionnent favorablement.

Le *khalifat* (1), superbe indigène d'allure noble nous fait un chaleureux accueil et a préparé sa mai-

---

(1) *K'halifat* : Représentant du Gouverneur ou Caïd.

son, voulant absolument nous offrir l'hospitalité, que nous acceptons de grand cœur.

Le couscouss, le *raïb*, les petits gâteaux ont un grand succès.

Nous avons une belle chambre terminée à chaque bout par un lit sur une estrade, et abrité par des rideaux.

Chaque ménage dort d'un sommeil réparateur sur ce théâtre après une course aussi fatigante, ce qui nous permettra de visiter les environs qui sont fort beaux.

Le *khalifat* a une femme ; il va en prendre une autre prochainement.

Elle est pourtant bien jolie, Fathma, avec ses yeux langoureux ; mais elle n'a pas d'*ouled* [1], et c'est un cas si grave, qu'il prendrait plutôt dix femmes si le Koran le lui permettait.

Fathma, pour recevoir notre visite, s'est mise dans tous ses atours ; elle nous offre gentiment du café, nous contemplant curieusement et nous dit : « Que faites-vous à courir les chemins ? Cela vous amuse d'avoir la poussière, le soleil ? » Nous essayons de lui démontrer l'attrait des voyages ; peine perdue ; elle reste incrédule, sourit en découvrant ses dents blanchies du *soak* [2] qui jaunit les gencives, secoue sa tête chargée d'ornements. Nous ne pouvons rien

---

[1] *Ouled* : Enfant.
[2] *Soak* : Ecorce du noyer employée comme dentifrice.

lui tirer d'intéressant ; à toutes nos questions, elle répond : *Ma narfche* (1) ou bien : *Ma iselche* (2).

Ennuyées, nous la quittons, pour aller visiter un jardin d'orangers.

Ce n'est pas un jardin, c'est un bois ! Un bois formé d'orangers énormes, qui projettent une ombre épaisse sur le sol ; les rameaux plient sous le poids des fleurs odorantes, ramée embaumée qui charge l'atmosphère de parfums troublants.

Ainsi que le soupire Mignon, il ferait bon là vivre et aimer !

Sous cette voûte parfumée, où règne un calme délicieux, l'amour doit s'éterniser, et dans l'air pur les soucis doivent s'envoler ainsi que des oiseaux inconnus !

On se figure volontiers la vie à deux dans cette divine solitude reposante, tantôt blanche de neige fleurie, tantôt étincelante de pommes d'or.

Quels rêves charmants, sous cette fraîche ramure, pour des amoureux de calme, pour des passionnés de tranquillité, se nourrissant d'oranges entre deux baisers !

N'aurais-tu pas envie, chère âme, de prendre mon bras et de regarder à travers les feuilles vertes percer le ciel bleu en fête ?

Tu entendrais, près des battements de mon cœur,

---

(1) *Ma narfche* : Je ne sais pas.
(2) *Ma iselche* : Cela ne me fait rien.

le gazouillement joyeux des oiseaux chantant pour nous leur hymne printanier.

Tu dormirais le jour, en une douce sieste, sous notre berceau fleuri ! Et la nuit, dans la tiédeur parfumée, nous contemplerions le calme profond des êtres ensommeillés, le reflet de lune se jouant dans la feuillée, les myriades de mondes scintillants qui luiraient pour nous seuls dans l'éther infini.

Ce serait si doux, une vie sans tumulte, dans ce bosquet enchanté, sans souvenirs, sans autre espoir que de se tenir par la main, demain comme aujourd'hui, bornant nos désirs à respirer, à nous sentir vivre du même souffle sous les orangers en fleurs !

* * *

Il règne une grande animation dans les rues de la petite cité ; le *khalifat* nous dit qu'on célèbre la fête du mouton. Pauvres bêtes ! quelle hécatombe, quelle consommation !

Qu'est-ce que la fête du mouton ? Je vais vous le dire, cher lecteur, tout en vous souhaitant un grand troupeau qui puisse vous rendre le même service qu'aux musulmans.

Après le *rhamadan*, il faut qu'un bon croyant égorge autant de moutons qu'il a de femmes ; sans cette précaution, il ne peut arriver au paradis de

Mahomet, car pour y pénétrer, il faut traverser l'espace qui entoure l'abîme sur un pont, aussi étroit qu'une lame de rasoir, et qui relie les deux bords escarpés de la terre et du paradis.

Si l'indigène a observé la loi du prophète, tué ses moutons religieusement, selon les préceptes de l'Islam, le mouton surgit à ses côtés à cet instant critique, tend son échine, et, sans encombre, le dépose sur l'autre bord, au lieu des félicités éternelles.

V

L'OUED BEZIKH — PARADIS DES BÊTES — JOIE DE VIVRE
COL DU DJEBEL HOFFRA
DJEBEL ABDERRAHMAN — FIEF DES MAHOUINES.

Nous quittons à regret le joli Menzel pour continuer notre route, devant aller le soir coucher à Oum-Douil, un petit coin perdu sur les contreforts du *djebel* Abderrahman.

Des oliviers, de beaux oliviers plantureux s'étendent sur toute cette région, où le commerce des olives est fort important; des *masseras* [1] s'établissent pour extraire l'huile qui est excellente, lorsqu'elle est faite dans de bonnes conditions.

Avant de franchir le col, laissant à gauche la jolie montagne de Sidi-Reiss, exploitation agricole française, appartenant à MM. Mille et Laurans, nous débouchons dans un marécage. C'est l'*oued* Bezikh.

Quel beau fouillis de roseaux, d'arbustes où s'accrochent, à la diable, des vignes folles, des églantines, du houblon, de la clématite parfumée !

---

[1] *Massera* : Usine à huile.

C'est un méli-mélo sauvage, un amas de belle verdure, vierge de main humaine, artistement drapée. Des lauriers font risette de leur étoile rose ; des touffes d'ajoncs, aux fleurs d'or, forment çà et là des paquets luisants. Dans cet inextricable fourré, des centaines d'oiseaux s'égosillent, des rossignols égrènent leurs perles, et des grenouilles croassent, béates, rassurées.

Un chacal traverse la route, si tranquille, si peu effarouché, que nous aurions pu presque l'effleurer. C'est le paradis des bêtes, vraiment !

Le temps est admirablement clair, le soleil assez chaud, un peu de brise fraîche adoucit ses rayons. Notre course se continue à travers la broussaille fleurie, sur une piste étroite encadrée d'oliviers.

Je profite de l'allure modérée des chevaux pour me faire une idée de la flore qui s'étend merveilleuse sous nos pieds.

Il y a des orchis charmants, des cistes jaunes, de nombreuses caryophillées, des plumbagos bleu de roi, de grandes corymbifères au disque jaune de chrôme ; des tapis de petites marguerites, une vraie neige ; des iris bleus, fleurant délicieusement bon, des petits trèfles purpurins, des pois roses, gais comme un éclat de rire !

Sous des touffes de lavande se cachent des plaques rouges striées de jaune, ce sont des orobranches irrégulières, écailleuses, qui soulèvent la terre, sans tige, sans feuilles, avides de lumière.

Entre les pierres, des touffes d'immortelles blanches veinées de lilas envoient une caresse au papillon qui passe.

C'est une gamme d'une harmonie parfaite. Une vie ardente se dégage du moindre buisson ; il plane un rayonnement intense sur cet épanouissement général.

Que d'insectes cachés sous les feuilles, sous les racines jusqu'au cœur de la plante, cherchant un nectar renfermé en une coupe si fragile, mais si pure !

Quelle joie débordante sous les rameaux, depuis la coccinelle, l'industrieuse fourmi, jusqu'aux abeilles bourdonnantes !

Des nuées de petits moucherons dansent en rond dans les rayons du soleil, ivres de chaleur et de liberté.

Des bandes de moineaux, de gaies alouettes, pépient dans les buissons et regardent sans crainte notre caravane. Nous ne songeons guère à les détruire, à les effrayer, à jeter dans cette joie universelle de vivre le désordre et la mort.

L'âme, comme une fleur, s'épanouit, se dilate, se grise de ces effluves ardents, grands souffles qui passent dans l'air.

L'atmosphère ne dégage que des parfums et des chansons : *El Hâmdoullah !!!*

Nous voici au sommet du *djebel* Hoffra, au milieu du col, ayant vue des deux côtés, émerveillés du panorama grandiose qui se déroule, majestueux.

Bien au loin, dans l'horizon bleu, nous devinons Tunis, les ruines de Carthage, la grande guerrière, l'ennemie jurée de Rome, qui n'est plus que décombres.

Le lac El-Bahira miroite tout au loin.

Les massifs du *djebel* Reças, du Bou-Guernin bleuissent les teintes orangées du couchant.

Le Zaghouan profile son imposante stature comme limite d'extrême horizon.

A nos pieds, ensevelies dans leur verdure, Menzel Bou-Zalfa et Soliman étendent leur blancheur ; Beni-Khaled montre sa mosquée ; plus loin, le dôme de Sidi-Toumi pointe sur sa colline, renfermant le plus auguste des marabouts !

Au dernier plan, se dessinent les villages de Grombalia et de Turki, entourés des montagnes du Khanguat.

De l'autre côté du col s'étend un autre panorama fort beau. La mer, au fond, forme une ceinture à cette magnifique plaine de la Dakhlà, fief des puissants marabouts les *Mâhouines*, possédant le précieux privilège d'exemption d'impôt.

A perte de vue, des champs d'orge jaunissants, aux épis planturoux que le vent courbe en ondes gracieuses ; coquelicots et glaïeuls éparpillent leurs couleurs gaies dans la future récolte.

Le *djebel* Abderrahman étend sa chaine puissante, abri formidable préservant du siroco cette riche plaine ; des *zaouïas* et des marabouts se dressent çà et là, précieux asiles inviolables où le malfaiteur s'abrite en paix.

A l'horizon, nous retrouvons le nuage bleu du fort Kelibia, et bien plus loin, en vapeur, l'île sicilienne de Pantellaria.

Nous voici descendus de ce magnifique col du *djebel* Hoffra, marchant bon train dans la plaine fertile, entre les orges et des prairies où s'ébattent, en toute liberté, de grands troupeaux de chevaux, crinière au vent, fins, nerveux, à la robe lustrée, dont les Mâhouines possèdent des types vraiment purs.

Beaucoup d'eau circule dans cette plaine en mille petits canaux ; des centaines de batraciens contemplent notre caravane et se demandent, sans doute, ce que vient faire par là notre civilisation éprise de grand air pur et de suprême tranquillité.

Nous retrouvons notre *oued* Lebna, désolée, plaintive, peuplée d'oiseaux d'eau.

Encore quelques kilomètres, nous approchons d'Oum-Douil, où siège le principal marabout de la contrée, Si Amar ben Ahmed, et enfin nous voici débarqués, juste avant la chute du jour, après avoir parcouru bravement nos vingt kilomètres au moins.

VI

OUM-DOUIL — MESDAMES LES INDIGÈNES — A LA GUERRE COMME A LA GUERRE

Ah ! cher lecteur, quelle tristesse, quelle solitude ! quel dénûment dans ce trou d'Oum-Douil ! Nous voyez-vous installés dans deux petites pièces délabrées d'une maison qui tombe presque, où il n'y a ni bancs, ni chaises, ni tables, pas même une vulgaire peau de mouton.

Naturellement nos mulets, nos cantines sont fort loin : arriveront-ils seulement ce soir ?

Dame ! Nous sommes enfouis dans la *Dakhla*, qui peut être riche en récoltes, mais pas en hôtels ! et à Oum-Douil encore, c'est-à-dire un désert, le bout du monde.

Le marabout Si Amar, ignorant notre arrivée, n'a rien fait préparer ; il est honteux, confus, s'excuse tant et plus. Nous rassurons ce brave homme et prenons très gaîment notre parti de ce dénûment.

Après tout, c'est très drôle de manquer de tout.

Il n'y a rien à visiter à Oum-Douil, et en attendant

le dîner, nous laissons ces messieurs griller des cigarettes, et nous allons voir les femmes du *khalifat*.

Leur costume est complètement différent de ceux que nous connaissons ; c'est le point qui nous intéresse.

Il consiste en draperies élégantes de laine bleue, composées d'une jupe unie, d'un morceau d'étoffe recouvrant le dos, venant s'ajuster sur la poitrine avec un autre morceau par deux larges anneaux d'argent dont la grosse épingle de même métal, transversale, mord les deux tissus et les fixe solidement, laissant le bras nu et libre, cerclé d'anneaux d'argent lourds, massifs.

Une étoffe en laine noire ou bleue serre la tête, entourée d'un mouchoir blanc, coupant le front encadré de deux bandeaux de cheveux noirs, luisants, dont une tresse nattée de laine blanche, retombe sur le dos.

Aux oreilles, trois, quatre fois percées, sont suspendus d'énormes anneaux d'argent : au moins quatre par oreille !

Une chaîne d'argent traverse leur poitrine. Elle est remplie de breloques qui pendent et cliquètent au moindre mouvement.

Ce sont des tigres, des serpents, des scorpions, des croissants, des étoiles, des mains de Fathma.

Les femmes pauvres remplacent ces ornements d'argent par une ficelle en guise de chaîne, à laquelle elles accrochent, avec un futil enfantillage, des coquillages, des os de poissons, perles grossières, faux corail, petits miroirs d'un sou.

Riches ou pauvres, elles sont toutes tatouées. Leurs jambes, leurs bras sont tellement criblés de dessins ineffaçables qu'on dirait une dentelle.

Elles ont des tatouages jusque sur la figure, sur la poitrine ; des petits dessins en forme de mouches sur les joues, le front, au milieu du nez, du menton : du pur Louis XV !

Leur peau est très brune, leurs yeux noirs à cornée excessivement blanche.

Dans la chambre noire où nous pénétrons, il y a bien au moins une douzaine de *mouquères* fort occupées.

Elles sont ébahies et nous considèrent comme des bêtes curieuses. Celles-là aussi n'ont jamais vu d'Européennes, et les deux Auvergnates (car je crois avoir omis de vous dire que mon amie Pauline est comme moi native de la belle Arverne), stupéfient mesdames d'Oum-Douil.

Le premier moment de stupeur passé, c'est un affreux vacarme. Elles parlent toutes à la fois, si vite, d'une façon si gutturale qu'on ne peut rien comprendre.

Nous sommes obligées de faire le coup de poing habituel pour conserver nos vêtements intacts.

Nous examinons la pièce de réception : notre luxe d'Occident n'a certes pas franchi la colline d'Oum-Douil ! et pour rester quelques instants auprès des femmes du marabout, nous nous asseyons par terre au milieu de toutes ces sauvages femelles qui dardent sur nous leurs prunelles dilatées de curiosité.

Des servantes font le *couscouss*, d'autres tournent, accroupies, des bouts de bois en guise de cuillères, dans des pots de terre où mijotent des ragoûts impossibles.

Des marmots noirs, mal mouchés, hurlent de peur ; si nous nous en allions ? Cette chambre noire sent si mauvais ! et cette cuisine nous dit si peu que nous ne buvons que du lait mélangé d'un peu de pain.

⁂

Après avoir tourné dans tout le village, on nous apporte deux matelas ; je dis matelas et j'ai tort, car c'est profaner cet objet confortable ; disons plutôt deux galettes tellement dures qu'elles sont certainement rembourrées de bois.

El Hamdoullah ! Voici nos cantines.

Vite nous déballons, nous nous jetons sur nos vivres ; nos conserves sont les bienvenues ; nous allumons une bougie et faisons nos lits.

Heureusement que nous aurons des draps pour étendre sur nos galettes. Bah ! nous n'en mourrons pas de coucher sur la dure.

Du reste, nous nous amusons quand même et les éclats de rire se mélangent aux petits cris plaintifs que nous arrache la petite galette où nous avons dormi tant bien que mal quelques heures.

VII.

ZAOUIET-CHEBANE — PAPA TOZEGRANE ET SON HAREM
AICHA ET LA CRUCHE CASSÉE

De bon matin, par un beau soleil levant, en route pour Tozegrane. Comme le temps est superbe et que nous ne sommes pas pressés, nous nous laissons aller à l'extrême douceur d'une promenade à cheval, causant gaiment, admirant les beaux champs verts et les chevaux qui galopent aussi libres que dans les pampas.

Devant nous se détache la grande Zaouiet-Chebâne, semblable à une forteresse, où le vieux marabout, pâle et chancelant, vient nous inviter à nous reposer quelques instants.

Son fils, un solide gaillard, genre d'Artagnan, nous conduit à sa femme toute jeune, gentille, très timide, qui nous regarde du coin de l'œil, fort étonnée, mais qui n'ose parler devant son époux.

La distance qui sépare Zaouiet-Chebâne de Tozegrane est très courte.

Nous choisissons un magnifique caroubier pour faire halte et déjeuner.

Quel bon appétit et quels bons rires !

Quel charme de regarder à l'ombre de cette sombre verdure, courir au ciel quelques nuages nacrés !

Je crois que nous y serions encore, engourdis dans notre farniente exquis, si le cheikh-marabout de Tozegrane, monté sur son superbe cheval harnaché de velours violet et d'or, escorté d'une vingtaine de cavaliers, n'arrivait au-devant de nous, pour nous conduire à son monastère, où une large hospitalité nous attend.

Quel type, ce marabout de Tozegrane ! Un personnage de la scène du Palais-Royal ! ! Un vieux barbon, grisonnant, mais qui se croit encore jeune ou qui veut le paraître.

Avec un noble orgueil, car il est fort riche, très vaniteux, il nous fait les honneurs de sa maison, très confortable, et nous amuse énormément.

C'est M. Barbe-Bleue ! Il nous raconte, avec emphase, avec des clignements d'yeux significatifs, qu'il a quatre femmes, qu'il a pris la dernière il y a une huitaine de jours, et nous prie de jeter un coup d'œil sur le trousseau de l'*aroussa*, qui est étalé, pendu à des clous contre la muraille, en notre honneur, afin que nous ayons une juste idée de sa prodigalité et de ses richesses.

Quelle aubaine pour nos maris ! Eux qui ne peuvent pénétrer chez les *aroussas* et contempler leurs costumes de si près ! Aussi, lorsque « papa Tozegrane » (ainsi appelons-nous le cheikh) est sorti, nous nous en donnons à cœur joie de rire et de nous amuser.

Mon mari endosse une belle *djebbâ* [1] rose, le mari de Pauline enfile un joli *seroual* tout brodé d'or ; tous les deux se coiffent de petits *beurnilas* [2] pointus, constellés de paillettes, décrochent de belles *foutâhs* chatoyantes, et les voilà exécutant une danse fantastique dans la pièce de l'*aroussa*, transformés en almées d'un nouveau genre, bayadères, sylphes langoureux, sous les yeux des deux Auvergnates qui rient aux larmes en déclarant Tozegrane le pays le plus charmant du monde, et papa Tozegrane le plus épatant des marabouts !

Nous irons ce soir visiter les femmes de notre vénérable Barbe-Bleue ; en attendant, nous partons à travers champs.

Chacun s'adonne à son penchant favori :

Les uns photographient, les autres crayonnent ; nous herborisons.

Dieu ! Quel joli coin !

Que d'ombre, de fraîcheur, autour de cette mignonne cascade qui sort de gros rochers en éclaboussant de ses perles cristallines les ronces sauvages, les églantiers fleuris ! Et cette aubépine ? Elle a le

---

(1) *Djebbâ* : Robe.
(2) *Beurnila* : Chapeau pointu.

parfum des sentiers de France. Cela nous fait tic-tac au milieu de la poitrine.

Nous allons certainement élire domicile sous cet énorme figuier dont l'ombre épaisse s'étend sur le sol, près du ruisseau alimenté par la cascade et donnant une jolie eau pure qui gazouille, claire, limpide comme des yeux d'enfant.

Quel calme reposant en ce lieu solitaire ! Le murmure de l'eau berce si bien ! Je crois vraiment que nous dormons presque, tant il fait doux, dans ce petit coin perdu, si loin, si loin de notre France !

Une paisible tortue aquatique se meut sur les pierres, fort insouciante ; malheur à elle ! Nous prenons un malin plaisir à l'ennuyer. Sur le ventre, sur le dos, nous la tournons, la retournons ; tantôt une pierre la tient immobile ; tantôt, nous l'enfouissons dans le sable au fond de l'eau ; elle revient toujours à la surface, infatigable, avide de disparaître à nos yeux ; nous nous acharnons à la tourmenter ; c'est elle qui nous lasse.

Nous la regardons partir à la dérive. Elle emporte une fleur d'églantine sur son dos plat. Où vont-elles toutes les deux, l'une si laide, l'autre si jolie ?

Où vont les feuilles de roses et les feuilles de laurier !

* * *

Papa Tozegrane vient au-devant de nous, se demandant, sans doute, quel est l'attrait qui nous retient près du ruisseau, et nous engage à rendre visite aux femmes qui nous attendent avec impatience.

Elles sont, dans cette cour carrée, une vraie nuée. On dirait des mouches, affairées, bourdonnantes ; elles apprêtent le repas du soir, car papa Tozegrane entend nous recevoir.

C'est avec une majesté satisfaite qu'il nous présente ses quatre femmes dont il est le caporal. Il y en a deux un peu vieilles ; une, d'âge moyen, qu'il regarde encore complaisamment, réservant néanmoins ses œillades amoureuses, ses grâces séniles pour Aïcha.

Aïcha, je n'ai pas besoin de vous le dire, c'est l'*aroussa*.

Il nous la présente en la tenant par la main, la couvant de ses yeux, l'appelant son étoile, sa pierre précieuse, son bijou !

Elle est bien, du reste, Aïcha ; grande, svelte, pas laide du tout, gracieuse, et paraît satisfaite d'appartenir à ce vieux marabout libertin ; elle a certainement fait « une affaire », car papa Tozegrane a beaucoup de *douros*.

Il paraît que le lendemain de la noce, le marabout a fait la grimace, a raconté qu'il avait rêvé d'un pot fêlé où quelques-unes de ses illusions se seraient changées en déceptions ; il ouvrit la bouche pour se plaindre, mais on la lui ferma en belles paroles dorées. Assurément, il avait la berlue ! Quelle drôle d'idée ?

À quoi pensait-il, une nuit de noces, de rêver de « cruche cassée ! » Aïcha lui fit risette, la famille fit patte de velours, endormant ses inquiétudes par des compliments flatteurs, et... papa Tozegrane n'y vit que du feu !

Elle ne parait pas sotte du tout, Aïcha : elle va et vient, souple, onduleuse, caresse d'un doux regard son vieux mari, donne des ordres aux servantes, écrase totalement les trois autres femmes qui assistent, impassibles, à cette jeune royauté qui triomphe.

Grand Dieu ! qu'elles sont encombrantes, ces femmes-là ! impossible de nous sauver ; nous voulons cependant monter sur la terrasse, admirer le paysage au coucher du soleil.

Enfin, nous nous échappons.

Ces messieurs nous attendent pour grimper à l'échelle qui nous permet d'atteindre la terrasse. De la cour, les femmes nous regardent, nous font des signes, brûlant d'envie d'apercevoir ces messieurs. Elles n'en ont guère le temps, car papa Tozegrane, qui monte péniblement l'échelle derrière nous, leur jette un regard courroucé, frappe dans ses mains. Son geste est compris, la bande s'enfuit, les portes se ferment avec fracas, la cour est déserte.

Ah ! ah ! vous me paraissez jaloux, papa Tozegrane ! Peste ! Monsieur le Marabout ! quelle surveillance autour de vos brebis !

De la terrasse, le pays s'étend plat, très vert, fleuri. L'horizon des monts d'El-Aouaria est empourpré par les feux du couchant ; une grande paix règne sur la nature ; le court crépuscule nous chasse de la terrasse et nous ramène dans la chambre au trousseau avec papa Tozegrane, que nous taquinons et qui nous raconte des histoires invraisemblables, dont il est toujours le héros.

Nous le forçons à partager avec nous le repas de Gargantua qu'il nous offre.

Trente plats au moins défilent devant nos estomacs émerveillés, mais peu complaisants.

Les assiettes succèdent aux assiettes : nous nous fâchons.

— Comment ! encore ! mais c'est trop ! pourquoi tant de choses ?

— Tant de choses ! répond-il, mais il n'y a rien ! je n'étais pas averti, je n'ai rien pu faire préparer.

Tel n'est pas notre avis.

Cette cuisine étrange est fort bonne. Nous voulons goûter de tout, et ce n'est pas une petite affaire : du mouton à toutes les sauces ; des pommes de terre, des piments, des volailles bouillies, rôties, farcies ; des œufs à l'huile, au beurre ; du bœuf préparé de dix façons, des pâtés feuilletés, des gâteaux de toutes sortes.

Nous nous amusons beaucoup et nous déclarons que pour le côté gastronomique Aïcha a eu peut-être raison.

Nous ne nous lassons pas de faire causer papa Tozegrane, qui nous donne des détails vraiment bouffons sur ses mariages, sur sa fortune. Il bavarde comme une pie borgne, et raconte des choses « à faire rougir les roses ».

Ce n'est pas le vin qu'il boit qui lui monte à la tête, car papa Tozegrane, étant un croyant convaincu, ne boit que de l'eau.

Il nous divertit énormément en nous déclarant que Mahomet aurait dû permettre aux musulmans un plus grand nombre de femmes, quatre légitimes n'étant pas suffisantes, etc... Ces messieurs le taquinent en lui disant : « Cela ne doit pas te gêner, et les supplémentaires ?... »

Papa Tozegrane rit sous cape, trouvant ces messieurs très sorciers !

*_

De bon matin, après une nuit reposante, nous quittons Tozegrane, nous dirigeant par Zaouïet-Megueïss sur Kelibia.

Papa Tozegrane nous fait la conduite, caracolant sur son palefroi fringant.

Sa tranquillité est subitement troublée.

Le cor de chasse a été oublié ; notre cuisinier Amor part à franc étrier dans la direction de Tozegrane pour le rapporter.

Le père Tozegrane s'agite, se tourne, se démène sur sa monture en roulant des yeux inquiets à l'horizon.

— Où est Amor ? pourquoi est-il parti ?

Comme sa tarentule l'asticote !

— Ah ! vilain jaloux que vous êtes, papa Tozegrane ! Comme vous vous méfiez de la jeunesse d'Amor au milieu de votre troupeau, en votre absence !

Heureusement qu'Amor et le cor de chasse apparaissent, et la physionomie de notre vieux barbon reprend sa tranquille placidité.

Nous nous arrêtons un moment pour dire bonsoir à papa Tozegrane qui va nous quitter, retournant aux délices de son harem.

Après les salutations d'usage, il tourne bride du côté de Tozegrane, au grand galop de sa belle monture blanche, qui miroite de loin comme de l'argent, chargée d'or, de velours, emportant sur ses flancs le cheikh-marabout qui vole près de sa jeune conquête : Aïcha.

VIII

ZAOUIET-MEGUEÏSS — CE SONT DES FEMMES ! FIN TRAGIQUE D'UN FLAMANT

Il ne faudra pas trop nous amuser en route aujourd'hui, car nous avons une forte traite à fournir pour arriver ce soir à Kelibia ; aussi ne voulons-nous pas nous arrêter à Zaouiet-Megueïss, petit village qui se dessine devant nous.

Nous comptons sans le cheikh, sans les notables de l'endroit qui nous supplient de venir accepter au moins une tasse de café.

De peur de contrister ces braves gens si hospitaliers, nous mettons pied à terre, acceptons la tasse de *caoua* que nous buvons, tout en rompant le pain qu'ils nous présentent.

Il est joli ce pain ; il sent la brioche, puis il est tout décoré de dessins bizarres peints à l'aide de *henné* ou de safran. Ici, un scorpion, là, une tortue : il paraît que les pains de cérémonie sont tous comme cela à Zaouiet-Megueïss.

Pour aller plus vite, nous passons à travers de

grandes landes, champs incultes où l'œil bleu de la lavande champêtre sourit au soleil ; pour retrouver la piste qui nous conduira sur le chott, du côté de Kelibia, dont le fort crénelé est encore très loin, il faut continuer à marcher quelques kilomètres dans ces terrains broussailleux, semés de pierres, d'ornières pénibles pour nos bêtes, fatigants pour nous-mêmes.

Nous rencontrons des indigènes qui labourent, des femmes courbées sur la terre, leurs enfants sur le dos, qui regardent notre caravane, ahuries.

Nous les entendons dire : « Viens voir, *Khadoudjâ*, on dirait des femmes. »

Comme elles ne sont pas convaincues et extrêmement curieuses, les voilà parties au galop, escaladant les pierres, les épines touffues, pour pouvoir nous contempler de plus près.

Très charitables, Pauline et moi, nous nous arrêtons et leur crions : *Slemâ Khadoudjâ* [1]. Elles galopent plus vite, secouant leurs marmots comme des sacs de pommes, arrivent essouflées, nous regardent comme des animaux antédiluviens et s'écrient : *Rebbi ! Rebbi ! tema nessa !* [2] et nous essayons d'échanger *quelques idées* avec ces pauvres créatures.

Elles sont encore jeunes ; l'aînée a bien vingt-cinq

---

[1] *Slemâ K'hadoudjâ* : Bonjour Khadoudjâ.
[2] *Rebbi ! Rebbi ! tema nessa* : Mon Dieu ! Mon Dieu ! ce sont des femmes !

ans ; on lui en donnerait cinquante, tant elle est ridée, fânée.

Elles sont à peine vêtues ; des lambeaux de cotonnade bleue couvrent tout juste leur nudité, et quand il fait du vent, je me demande ce qui doit se passer.

Leur tête est encombrée de chiffons dégoûtants ; une corde en poil de chameau retient ces loques sur le front ; des verroteries pendillent à leur poitrine complètement nue et pas précisément...... marmoréenne. Et quelle odeur de rance, d'huile nauséabonde ! — Nous leur jetons des sous sur lesquels elles se précipitent.

Les voilà dans la broussaille, avides, se disputant comme des chiens qui rongent un os, les moutards roulent par terre, hurlent pendant que les mères, sans souci des cris des petits *bicots*, continuent à s'arracher les quelques pièces enfouies dans les palmiers nains ; nous quittons ce tableau pour rejoindre nos compagnons de voyage qui se demandent ce que nous pouvons bien faire avec les *mouquères* mal débarbouillées, et nous voilà sur le chott, près du rivage, sur un sable blanc comme de la neige, éblouissant, impalpable, chaud, aveuglant, continuant notre route sur la Gallipia qui grossit à l'horizon.

Le chemin devient difficile ; il a plu fort loin d'ici, ce qui a fait grossir les *oueds*, et rendu le passage dangereux.

Des *sebkhas* bordent le rivage où vient murmurer le flot de notre belle Méditerranée ; les flamants au long col, aux ailes de rubis prennent leurs ébats en pérorant.

Un indigène, pour nous plaire, en poursuit un qui, se voyant pris, s'abime dans les vagues, se donnant volontairement la mort ; nous sommes navrés de sa fin tragique et admirons le stoïcisme de cet oiseau, digne de Lacédémone.

Avec mille difficultés, nous franchissons l'embouchure des *oueds;* nos chevaux marchent sur le rivage, si près de la mer, que les vagues se brisent sur leurs sabots. Cela ne les effraie pas, ces braves petits chevaux arabes, légendaires par leur bravoure, leur résistance, leur ardeur. Leur renommée est certainement au-dessous de la vérité ; ils sont en fer, ces bons serviteurs ; avec cela dociles, ni peureux ni rétifs, ne reculant pas devant les kilomètres qui s'allongent indéfiniment sur la piste pierreuse, ou sur le sable étincelant où ils s'enfoncent péniblement à mi-jambes, suant, soufflant, mais intrépides.

Oh! oui, c'est un noble animal que le cheval arabe. Cent kilomètres ne lui font pas peur. Je me suis demandée souvent ce que ferait dans la brousse, par des étapes pareilles, un carrossier dont le travail consiste à faire le tour du bois, à piaffer dans l'allée des Acacias deux heures par jour. Et cependant, celui-là est nourri, étrillé, brossé, peigné, tandis que mon pauvre barbe n'est jamais sûr du picotin, ce qui ne l'empêche pas d'être endurant, courageux, et d'avaler les lieues et les lieues, comme les autres avalent l'avoine.

Je pensais à cela sur le rivage de Kelibia, pendant que mon petit cheval soufflait dans les dunes de sable, dressant sa tête fine au moindre bruit, chassant de la queue les mouches voraces ; je caressais son encolure, sa crinière, et je me réjouissais de la belle musette d'orge que je lui offrirais à l'arrivée, la brave petite bête.

IX

KELIBIA — BOUILLABAISSE HOMÉRIQUE — L'ANCIENNE CLYPEA
ASCENSION DE LA CITADELLE — LA MER ET LE CIEL!

Le sable cesse brusquement avant d'arriver à Kelibia ; le chemin, quelques kilomètres avant la petite cité, n'est que du rocher.

Un splendide coucher de soleil embrase la mer, éparpillant des tons rosés sur les jardins, les oliviers, les orges, et donnant à la redoutable citadelle sur son roc, comme un nid d'aigle, des tons de rubis; nous marchons littéralement sur le rocher, hérissé de pointes aiguës.

Il a dû, autrefois, passer des ouragans formidables sur cette côte escarpée ; la terre s'est envolée en tourbillons, tant le sol est râclé.

C'est sur ce rocher à vif qu'est construite la petite ville de Kelibia, la *Gallipia* en italien, la *Clypea* des latins ou *Aspis*, selon d'autres savants géographes.

Son aspect est triste, pauvre, délabré ; les maisons sont en ruines, les rues ne sont que des passages rocheux où il serait impossible à une voiture de circuler.

Les habitants sont pêcheurs, cultivateurs, car en dehors de cette zone, s'étend une admirable plaine fertile en céréales et oliviers qui assurent la prospérité de ce coin isolé.

L'agent consulaire, M. C..., que nous connaissons, vient au-devant de nous, nous conduisant à sa maison, où il nous offre une large et cordiale hospitalité européenne qui nous est bien précieuse vraiment, après notre promenade en pays arabe.

Fort intelligent, M. C... parle bien sa langue maternelle, l'italien, et mieux encore le beau langage imagé de Mahomet.

Il parle également le français et nous présente sa famille : de grands fils, une belle jeune fille, et des petites bambines blondes et futées.

Nous avons toujours conservé un charmant souvenir de cette hospitalité agréable, de ce bon dîner, tous réunis à la table de cette brave famille, et d'une nuit reposante passée dans de vrais lits !!!

***

Un gai soleil nous réveille de bon matin ; nous décidons de passer la journée à Kelibia, laissant un peu de repos aux chevaux. Nous faisons le programme de la journée. C'est alléchant !

Pêche au bord de la mer, déjeuner champêtre, bouillabaisse dans les rochers, visite au fort Kelibia. Croyez-vous que ce n'est pas charmant ? et regrettez-vous par hasard de m'avoir suivie dans la presqu'île du cap Bon ?

Nous voilà donc reposés et vite équipés.

Nous grimpons sur des ânes qui vont nous transporter au bord de la mer, à 1,500 mètres environ.

Un âne est chargé d'un *zembil* (1) rempli de casseroles, assiettes, etc., le tout pour notre déjeuner.

Le pays est très joli : des jardins de figuiers, de grenadiers, des champs d'orge fleuris de coquelicots, de glaïeuls où s'ébattent par centaine de grosses cailles que les indigènes chassent à merveille à l'aide du faucon, ce qui nous procure une agréable distraction genre moyen-âge.

Le temps est radieux ; le soleil d'or projette ses gerbes rayonnantes sur la mer infinie qui miroite devant nous, entourée d'un banc de rochers servant d'asile aux crabes, crevettes, oursins et bigorneaux, notre future pêche.

Sur nos bourricots que nous asticotons, le sentier se déroule vert et fleuri. Il fait bon vivre, toutes ces senteurs printanières dilatent le cœur.

Vive Kelibia !

Avec quel entrain nous pêchons.

Armés de piques et de fourchettes, nous sautons de

---

(1) *Zembil* : Grand panier double en forme de besace.

rocher en rocher, explorant les fissures sans nous soucier des vagues taquines qui nous lèchent les pieds.

Nos crustacés filent ; après mille efforts, nous en attrapons, ainsi que de grosses arapèdes, des bigorneaux, crevettes, destinés à ce festin homérique, prix de nos efforts.

Des piquets sont plantés, soutenant des couvertures, tente ingénieuse nous abritant du soleil qui darde ferme ; le couvert s'étale pendant que la bouillabaisse pimentée, jaune de safran, est apportée toute fumante aux acclamations unanimes.

Une douce sieste sous notre tente improvisée nous repose de notre pêche matinale : il nous faut des forces pour l'ascension de la citadelle qui se dresse menaçante au milieu des rochers, traçant sa grande ombre dans le ciel pur.

⁂

L'ancienne *Clypea* occupait toute la partie entourant la forteresse. Elle était dominée par l'acropole, située sur un plateau élevé, au sol rocailleux, mesurant environ un kilomètre de tour.

Au dire des uns, la construction de cette importante citadelle serait attribuée aux musulmans ; d'autres la supposent élevée par des Espagnols, ce qui parait beaucoup plus vraisemblable.

Pour l'atteindre, il faut gravir environ 160 mètres à pic à travers des blocs de rochers, des buissons où s'épanouissent des milliers de fleurettes bleues, jaunes, lilas et pourpres. Le sol est jonché de petits iris mauves, d'une délicatesse idéale ; des paquets d'immortelles croissent dans les fissures du roc, égayant de jolis sourires les sombres rochers.

De grosses ferrures rouillées bardent la grande porte de la citadelle ; des boulets, dans un coin, sont amoncelés ; des canons inoffensifs s'alignent le long des murailles crénelées entourant une végétation intérieure qui se développe en couronne fleurie au milieu des décombres.

L'aspect de ces ruines est formidable.

C'est étrange de majestueuse beauté, de tranquille domination.

Quel cadre merveilleux entoure ce fort !

Le roc à pic, la mer immense, la mer chantante, qui déferle, oppressant le cœur, captivant le regard ébloui par l'immensité, éperdu devant ces deux souveraines beautés : La mer, le ciel !... C'est une orgie de bleu : dessus, dessous, autour.

L'horizon est bleu comme le ciel et l'eau, les montagnes, au loin, baignées d'azur ; la terre elle-même est chargée de vapeurs bleutées moites, frissonnantes, qui miroitent sous le bain d'or tombant du ciel en gerbes étincelantes, fécondant d'ardentes caresses cette terre avide de lumière, amoureuse de soleil.

Sous cette force puissante, la nature vibre, elle vit. L'air est pur sur le roc de Kelibia battu par la vague.

Le goëland et la mouette se roulent dans le flot ou s'élèvent dans les rayons d'or en suprême liberté ; le lézard se grise de chaleur dans les ruines ; le grillon tourne sa crécelle en paix.

Grâce à cette lumière magique, Kelibia reluit, s'argente dans sa verdure. Les oliviers gris s'animent, les champs prennent des tons charmants d'émeraude, de topaze ; la contrée se transforme en un vaste écrin. Le vieux fort lui-même, impassible à travers les siècles, sourit, s'anime, se dore, oublie les intempéries hivernales, les furies des ouragans, les nuits de tempêtes, pour s'amadouer, ouvrant ses lézardes à des myriades d'oiseaux, tourterelles et ramiers, qui roucoulent dans les ruines, en une paix profonde, l'hymne printanier, vieille chanson d'amour, éternellement jeune.

L'air pur est chargé d'ivresses, de rayons, de murmures, de doux tressaillements.

La joie de vivre éclate. Le ciel est en fête et la terre sourit, secouant son délire dans l'air parfumé.

Des figuiers vigoureux poussent dans les décombres ; un palmier solitaire berce sa chevelure sur les fleurettes, labiées bleues et roses, offrant au soleil leurs jolies lèvres souriantes en une souveraine tranquillité.

Nous visitons chaque pierre : là, des citernes à

l'eau croupissante, remplie de fientes d'oiseaux ; là, des voûtes sombres, couloirs étroits, chambres humides, aux murailles tapissées de mousse vert-de-gris, où dorment paisiblement de leur dernier sommeil des corps espagnols, depuis des siècles ; là, des ossements gisent, épars, dans ces sortes de catacombes froides et sombres.

Pauvres caballeros ! où sont vos jolies manolas ? Vos sérénades du soir lorsque Séville aime et repose ? Où sont les joyeux accents de vos castagnettes et de vos guitares sous le balcon des belles Andalouses ? Plus rien !... des ossements, des cendres, le froid, la mort, l'oubli, l'éternité !

Grand Dieu ! sortons de ce tombeau, vive le grand jour, la vie, le soleil ; aspirons à pleins poumons l'air embaumé.

On peut aisément circuler tout le long de la citadelle, sur un petit pan de mur qui suit les créneaux assez bien conservés.

Cette vaste enceinte tient debout, fort solide encore. Depuis peu, un phare a été élevé à l'une des extrémités, éclairant la marche des bateaux, les prévenant du danger de cette côte rocheuse, garnie de récifs.

Ce phare est à feu fixe ; le gardien est installé dans un petit coin de la citadelle, rendu habitable. Il nous montre avec orgueil ses cuivres étincelants.

Tout en haut, au sommet, on hisse à la hampe, les jours de fête, le drapeau tunisien, rouge au croissant blanc. De cette hauteur, le panorama est grandiose. L'immensité vous environne, l'âme plane libre, dégagée, sous l'horizon sans bornes.

J'y ai savouré des sensations puissantes, joui d'hallucinations magiques, j'y ai été bercée de rêves lumineux, plongée dans l'éther rayonnant, sous le firmament azuré.

J'y ai respiré le parfum de la mer, des herbes sauvages, des embruns légers dans leur âcre saveur pénétrante, et renfermé en mon âme, comme de merveilleux trésors, des souvenirs ineffaçables éternellement chers.....

***

La garde du fort, depuis plus de quinze ans, est confiée à un vieux général tunisien (cela vous surprend ?) Baba Ali, qui peut à peine vivre des 100 *piastres* (60 francs) que lui alloue chaque année le gouvernement tunisien en reconnaissance de sa carrière militaire.

Ne vous étonnez pas trop de voir un vieux général tunisien, vivant avec 60 francs de pension ; il y en a tant de généraux *tunisiens* en Tunisie !

Dans la rue, passe une *chechia* surmontant une redingote plissée, ornée d'un énorme Nicham-Iftikhar. « Qu'est-ce que c'est que ça ? » demandez-vous à votre guide qui vous conduit dans les rues de Tunis. Fièrement, il répond : « C'est un général de Son Altesse le Bey ! »

Vous ne faites pas cent mètres sans rencontrer une dizaine de « généraux » tous rosacés du bon Nicham, majestueux dans leur tunique plissée, et vous les surprendriez fort si vous n'aviez pas l'air de croire qu'ils ont aidé à la conquête de Carthage ! Bref, comme il y a beaucoup de généraux et pas beaucoup de *flouss*, on voit des retraités comme Baba Ali, vivant avec 60 francs par an dans les ruines de la citadelle de Kelibia.

Malgré sa pauvreté, sa vieillesse, il possède deux femmes : une vieille, ridée comme lui, celle de jadis ; l'autre, jeune, qu'il a prise dernièrement, et sur laquelle il jette des regards attendris.

Ces femmes nous font grande fête ; elles nous offrent avec insistance du lait sucré, trait à leur unique vache, et nous accablent de bénédictions.

Nous restons à causer un moment avec elles dans la petite chambre pratiquée dans les ruines, et pas trop mal arrangée malgré la misère évidente des ermites de la citadelle.

Je demande à Baba Ali pourquoi, s'étant remarié, il a pris une femme aussi jeune.

Il sourit et répond :

— Parce qu'elle m'aime ; va, demande-lui si elle ne me préfère pas à dix jeunes. *Est-ce que le cheval blanc ne mange pas d'orge comme le noir ?*

A mon tour de sourire, contente de l'explication et surtout des illusions de ce vieillard.

Avant l'arrivée du gardien du phare, gardien européen, ces recluses pouvaient se promener dans le fort et jouissaient dans cette solitude d'une certaine liberté; mais Baba Ali est fort jaloux, il a cela de commun avec papa Tozegrane.

Néanmoins, la nuit, quand tout sommeille, et qu'on ne peut distinguer un chat d'une souris, elles s'aventurent sur les ruines pour respirer la brise.
— C'est à ce moment, paraît-il, qu'on voit l'ombre d'un marabout, enterré dans la citadelle, errer sur les décombres, son bâton à la main, récitant son chapelet.

Nous regagnons nos compagnons de voyage, naturellement exclus de cette visite féminine.

Le soleil couchant, dans son apothéose triomphante, empourpre les monts d'El-Aouaria, notre route du lendemain ; nous rentrons joyeux à Kelibia, chez M. C..., nous reposer encore une bonne nuit pour nous remettre en selle au point du jour.

X

DUNES AVEUGLANTES — MIRAGES — ÉPAVES
UN CÔNE D'OMBRE — EL-AOUARIA — VIEUX BRAVE
PAUVRE NICHAM !

Par une aurore toute rose, nous quittons Kelibia, notre gîte hospitalier. Il fait une fraîcheur délicieuse par ce soleil levant dont l'aube rosée baigne la terre enveloppée de vapeurs moites, buées légères, qui frissonnent dans l'atmosphère transparente.

A travers les romarins, les cistes se réveillent, ouvrent leur blanche corolle, saluant le soleil, secouant la rosée qui perle dans leur calice ; les oiseaux passent avec des frôlements d'aile pareils à une caresse, jetant gaîment leurs cris joyeux à l'aurore radieuse ; des chèvres s'accrochent aux rochers ; tout s'éveille. Quel charme de se sentir emporté au milieu de cette fraîcheur matinale, sous ce beau ciel qui jette à profusion ses rayons roses, à travers cette belle nature champêtre ivre de clartés et de chansons !...

Nous allons marcher assez longtemps avant d'arriver à El-Aouaria, petit bourg d'où nous devons rayonner. Nous irons de là au cap Bon, sur la pointe de Rass-Addar ; mais avant d'arriver à El-Aouaria nous avons bien trente kilomètres et le chemin est très fatigant.

Il nous faut retomber dans les sables, et vers dix heures du matin le soleil est déjà chaud.

La plage est déserte, uniforme ; nous côtoyons la mer dont le murmure rythme notre marche, sur ce sable fin donnant l'illusion de la neige.

De grandes dunes se dressent à l'horizon, aveuglantes de lumière ; l'espace se peuple de mirages, le sol se garnit d'épaves de naufrages, bateaux échoués, fracassés sur cette côte inhospitalière si bien nommée *Djebâna el merakeb* [1]. D'énormes poutres de bois, des mâts, des vergues, des carcasses brisées, gisent abandonnés, donnant à ce paysage un air de tristesse suprême.

Pas une goutte d'eau ; un désert immense, implacable, plein de débris, impitoyable comme la mer, cette grande charmeuse, si douce dans son azur, si terrible dans ses colères noires.

Les épaves disent combien, par là, elle est redoutable la Méditerranée.

Nous cheminons péniblement, le cœur attristé des misères humaines, des lugubres souvenirs de nau-

---

[1] *Djebâna el merakeb* : Cimetière des navires.

frages que nous avons lus ou dont nous avons entendu les tristes récits.

A notre gauche, un bouquet d'ombre ; nous nous y précipitons, mais le fuyons aussitôt ; c'est un marais plein de lauriers-roses, de tamaris, où croupit une eau verdâtre, stagnante.

Une nuée de grands moustiques plane sur ce fangeux marécage ; la fièvre doit régner en ce lieu malsain.

L'aridité du sable est préférable à cet endroit trompeur, imprégné de miasmes fétides.

Enfin ! un petit cône de verdure.

C'est un maigre lentisque, tordu, rachitique ; c'est bien insuffisant, n'importe ! le soleil est trop ardent, les chevaux trempés de sueur ; nous avons soif et faim, halte !

Chacun descend, s'étire, sous cet abri illusoire qui nous permet néanmoins de déjeuner et de faire un brin de sieste.

°

De Nabeul, un courrier nous arrive porteur de lettres, de journaux, nouvelles du monde civilisé, nouvelles de France qui débarquent en pleine solitude des dunes tunisiennes.

Cette lecture en ce désert ne manque pas de charme. A moitié assoupis nous murmurons : « Que se passe-t-il là-bas, dans la métropole ? Le ministère est-il debout ? L'Opéra-Comique renaît-il de ses cendres ? La tour Eiffel et l'Arc de Triomphe servent-ils toujours de promenade aux désœuvrés ? »

A vrai dire, tout cela nous importe fort peu, à l'heure présente. La politique et ses agitations tumultueuses nous laissent froids, malgré la sensible élévation du thermomètre, qui marque, sous notre maigre lentisque, 38 degrés.

Quel poème vaut celui que nous chante la mer dans son immensité ?

Quelle musique comparable à cette harmonie souveraine de vagues assoupies mourant et renaissant sans cesse ?

Quelle peinture peut reproduire l'éclat du soleil inondant l'espace ?

Quelle force humaine peut rendre ces ombres, ces rayons, ces vastes lueurs répandues sur la côte fuyante peuplée de mouettes, d'hirondelles de mer au vol rapide effleurant les flots ?

Non ! rien ne vaut cette vie libre, saine, fortifiante, cette vie sauvage dégagée de rancunes, d'ambitions !

Ici, tout ce que l'on contemple ou respire est pur comme le flot murmurant, comme le vol de l'oiseau qui passe !

°

Encore un peu de marche dans le sable, puis de petits vallons, et enfin nous distinguons la mosquée blanche d'El-Aouaria.

Quelques jardins entourent cette triste et misérable petite cité musulmane ; nous marchons bon train, car le globe de feu incendie l'horizon, s'irradiant dans sa pourpre ; la nuit arrive vite sous notre zone africaine privée du crépuscule qu'en France on appelle familièrement « entre chien et loup ».

Le petit bourg d'El-Aouaria est fort pauvre. Il est bâti sur des rochers stériles, adossé aux dernières pentes de la montagne du cap Bon, et remonterait, paraît-il, à plus de mille ans.

Les habitants sont tous cultivateurs ; point d'industrie, point de commerce ; par conséquent pas de Juifs ! Entendez-vous bien, pas de Juifs ! Quel paradis terrestre malgré sa pauvreté ! C'est cette pauvreté même qui sauve El-Aouaria de la lèpre moderne : la Juiverie ! En effet, qu'irait faire le Juif à El-Aouaria ? Israël ne se soucie guère de promenades sentimentales à travers la bruyère.

Pourvu qu'il palpe des *douros*, qu'il empoche des *carlas*, des créances véreuses ou non, qu'il gonfle son sac de gros sous, la belle nature le laisse froid, car ses yeux ne s'illuminent qu'au contact de l'or : son intérêt cupide avant tout. Puis Yacoub ou Schloumou ne monte pas à cheval ; il n'aime pas ça ; on risque de tomber et de se *cassir la tête*. A peine monte-t-il à mulet, tout juste à bourricot.

El-Aouaria est au bout du monde ; il y a des landes désertes pour y arriver, des ravins désolés à franchir, et Schloumou a peur. Il claque des dents en songeant qu'une de ses nombreuses victimes pourrait l'attendre entre deux touffes de romarin et l'envoyer *ad patres !*

Israël est doué d'une prudence ressemblant fort à une *frousse* intense, c'est pour cela qu'il ne va pas à El-Aouaria, réservant pour notre civilisation son trafic incessant, ses menées louches, son *bedit gommerce.*

Ce qui est étrange, c'est que nous le supportions, nous les Français des Croisades, nous les fils de Charlemagne, de Saint-Louis, d'Henri IV et de Louis XIV ! Nous les défenseurs du sol sacré de la Mère-Patrie, de ce noble sol des Gaules ; nous les enfants de cette Algérie lumineuse, de cette Tunisie qui nait, qui se fait chaque jour française, malgré les œillades italiennes.

Eh bien, ce n'est pas le danger, l'Italie. Laissons la pauvre botte se débattre, elle n'est pas redoutable. Le danger, c'est le Juif! Quand tout le monde en sera convaincu il sera trop tard. Pour le crier à l'univers, ce danger imminent, il faudrait une tour plus haute que celle de Babel que le Dieu des chrétiens préserverait ; il faudrait des cloches énormes qui sonneraient en tocsin formidable : « Sus aux Juifs ! Sus aux Juifs ! »

* * *

Les habitants d'El-Aouaria, le *khalifat* en tête, nous font un accueil chaleureux.

Ils viennent au-devant de nous, précédés de leur musique, de chanteurs, de porteurs de bannières rouges et dorées, et nous escortent ainsi jusqu'à notre logement, composé d'une seule pièce longue où nous nous installons d'une très amusante façon.

Notre course nous a donné un appétit féroce.

Nous dînons copieusement au milieu de la bagarre qui s'agite autour de nous.

Les indigènes d'El-Aouaria sont vraiment surexcités par l'apparition de notre météore; ils causent à vive voix, on dirait qu'ils vont s'égorger. Il n'en est rien, un peu d'effervescence seulement.

Au dehors, les bêtes attachées au piquet hennissent bruyamment; les chiens aboient, quel vacarme! Nous ne sommes nullement effrayés de tout ce tapage, El-Aouaria étant le pays le plus pacifique du monde, et ses habitants de braves gens, polis à l'excès.

Le vieux *khalifat* a servi de nombreuses années, a assisté à bien des guerres. Il a fait la campagne de Crimée, et raconte ses souvenirs d'une façon piquante. Sébastopol et ses frimas sont restés fidèlement incrustés dans sa mémoire.

Avec un noble orgueil il va nous chercher, au fond d'un coffre, un mouchoir soigneusement attaché. C'est son uniforme qu'il conserve religieusement, qu'il étale avec vénération, encore vibrant des heures de combat où il marchait avec nos braves petits soldats à travers la neige et la glace.

Eh bien, vous n'allez pas me croire, sans doute, lorsque je vous dirai que ce vieux brave qui a combattu pour la France n'est même pas décoré du « Nicham Iftikhar ! » Pourtant, est-il octroyé facilement, ce bon Nicham !

Passez le Méditerranée, promenez-vous sur la *Marine*, visitez les *souks*, le *Bardo*, la *Manouba*, achetez quelques cuivres, quelques *haïks* soyeux chez Barbouchi qui vous offrira des tasses de *caoua*, puis reprenez le Transatlantique et revenez planter vos choux. Ne trouvez-vous pas que vous avez assez fait pour que votre boutonnière se fleurisse immédiatement de l'ordre du « Nicham Iftikhar ? »

Et encore ! Vous êtes venu à Tunis, vous pouvez décemment parler de la rue Sadikia et de la Casbah ; vous avez supporté les affres du mal de mer, vous avez donc droit à « un petit dédommagement » ; mais ce qui est fort drôle, c'est le bon Nicham débonnaire écartelant sa rosace sur la poitrine de ceux qui n'ont jamais mis le pied en Tunisie, et que les questions du protectorat laissent très froids, très ignorants.

On a connu quelqu'un qui a un ami en Tunisie, cela suffit. « Mon cher, faites-moi donc avoir le Nicham, cela fait bien cette petite rosette. » Et voilà comment la plupart sont décorés. C'est drôle, n'est-ce pas, et c'est injuste, quand on pense à ce *khalifat* d'El-Aouaria, blanchi sous le glorieux uniforme, dont l'unique ambition est d'être « officier du Nicham-Iftikhar ! »

Pourquoi sonder l'injustice humaine ?

Il vaudrait mieux essayer de remplir le sable du rivage de l'eau des Océans, à l'aide d'un petit coquillage, selon l'épisode de la vie de saint Augustin, que d'analyser cet ingrat mystère.

XI

EXCURSION A RASS-ADDAR — LE PHARE DU CAP BON
OU VONT CES COQUES DE NOIX ?
UN PHILOSOPHE GASTRONOME

Après une nuit reposante, de très bonne heure, nous partons pour notre expédition à l'extrémité de Rass-Addar, le cap Bon, si mal dénommé et où il est si difficile de parvenir.

Le temps est doux, brouillé, la mer couverte de vapeur, il y a de la houle de fond qui la fait mugir, la traîtresse.

Nous traversons le petit bourg d'El-Aouaria et ses rochers meurtriers ; décidément c'est d'un pauvre ce petit coin perdu là-bas !

Au trot de nos ânes (car nous avons laissé nos chevaux au piquet, le sentier étant pour eux impraticable), nous grimpons, descendons tour à tour une série de mamelons verdoyants, vallons et collines criblés de fleurs, puis des pentes chargées de cailloux roulants, d'où nous apercevons la mer qui caresse l'extrémité de Rass-Addar.

Nous voici, cette fois, en pleine montagne et quelle montagne ! D'énormes rochers à formes basaltiques, à pic sur la mer.

Un sentier d'antilopes trace un léger feston sur le roc ; c'est par là que nous allons passer affrontant de vrais dangers. Un Arabe conduit, de peur d'accident, chaque âne par une corde : Mon guide est un superbe gaillard. Il mesure 2^{m}10, ses mains ont l'air d'énormes gargoulettes. Il est, dit-on, d'une force peu commune. De même que les gros terre-neuve, il a une bonne figure éclairée de trente-deux dents souriantes. A l'aide de son grand compas il fait des enjambées gigantesques.

Il nous raconte qu'il part au *fedjer* (1) d'El-Aouaria, et qu'il arrive très facilement à Tunis au *meghreb* (2), soit 100 kilomètres ! Et cette marche fantastique s'effectue à travers champs, par-dessus les touffes de *dyss*, d'épineux jujubiers, à l'aventure, par les raccourcis, sans souci des meurtrissures infligées à ses pieds nus ; que dites-vous de cela, jeune génération décadente ?

**
* **

Les ânes avancent bien doucement, posant leurs pieds prudents sur le sentier accroché aux parois

---

(1) *Fedjer :* Lever du soleil.
(2) *Meghreb :* Coucher du soleil.

rocheuses; le site est grandiose, nous sommes muets, partagés entre l'admiration et le sentiment du danger que nous courons, un faux pas de nos ânes pouvant nous précipiter dans l'abîme insondable où nous arriverions certainement déchiquetés par les dents cruelles du roc taillé en aiguilles.

Nous sommes littéralement suspendus entre ciel et terre. Au-dessus de nos têtes des blocs énormes sont entassés les uns sur les autres, offrant un aspect effrayant : l'œuvre des Titans sans doute. Quelle bouillie ferait de nous un seul de ces blocs !

Au-dessous de nous, à pic, creusant le roc, la mer profonde mugit, écrasant contre les rochers son écume frémissante ; nos montures avancent péniblement. Des pierres bondissent avec un fracas sinistre roulant dans les flots en un bruit sourd que répercute l'écho.

Nous distinguons les îles de Zembra et de Zembretta (îles Djâmour), traçant leur silhouette en pleine mer.

La végétation, au milieu de ces sombres rochers, est vraiment admirable. Des renoncules, borragos, linaires, ophryses, ouvrent leurs jolies corolles à la brise pure qu'elles embaument. Dans chaque fissure du roc vit une plante, respirent des « infiniment petits ». Des vols de corneilles, de ramiers s'enfuient avec de grands bruits d'aile, épeurés, troublés dans leur sécurité profonde.

Des chèvres noires tenant par miracle aux pentes

rocheuses, nous considèrent, surprises. Le vent souffle, grossissant la mer, rendant notre marche plus difficile. Notre caravane se développe comme un serpent avec une extrême prudence.

***

Enfin, voici le phare ! Nous l'apercevons, perché sur la montagne ; sa vue ranime nos forces ; nous y arrivons un peu fatigués de ces deux grandes heures d'émotion, mais très satisfaits de notre excursion.

Un gardien, vieux bonhomme, jovial et hospitalier, vit, dans ce site sauvage, depuis la création du phare, qui remonte à près de 15 ans, en compagnie d'un ouvrier chargé d'astiquer les cuivres du grand œil de feu qui darde, la nuit, ses rayons sur l'immensité.

Ce phare, d'un grand modèle, à feu tournant, est de toute nécessité ; la côte est fort mauvaise, et la mer, dans ces parages, est sillonnée de navires.

Du sommet du phare, dans la lanterne même, on jouit d'un panorama merveilleux. De la galerie qui entoure l'appareil tournant la vue est admirable ; nous ne nous lassons pas de regarder passer les bateaux.

Grâce à d'excellentes jumelles, nous découvrons vapeurs et voiliers poursuivant leur marche vers le but qui nous est inconnu. Quelques-uns passent si près, que nous distinguons des formes humaines, ce qui nous plonge en une rêverie profonde.

Où vont ces coques de noix, sur l'immensité, transportant de fragiles créatures ?

Les uns bien près : vers Tunis, Bizerte, Porto-Farina ; les autres fort loin : vers Malte, la Sicile, l'Italie, les Indes.

Et les bateaux passent, environnés d'écume, traçant le sillage de leur chemin, laissant derrière eux, dans le bleu du ciel, les flocons de la vapeur, qui les entraîne. Un petit point noir à l'horizon, puis plus rien que d'autres navires venant à leur tour défiler devant le cap Bon, d'où nous les regardons passer en spectateurs du haut de notre *mirador*.

Nous causons avec le vieux gardien réjoui, que la mélancolie sévère du lieu sauvage qu'il habite ne rend ni triste ni maussade. C'est un joyeux vivant, prenant la vie du bon côté, et à qui cette existence du désert ne déplaît pas, au contraire, puisqu'il ne s'ennuie pas.

— Savez-vous ce que je fais ? nous dit-il, en riant d'un bon rire sonore ; je mange, je suis gourmand, j'aime les bons morceaux, j'adore les sucreries, et je me confectionne du riz au lait et des crèmes pour passer le temps ; puis je pêche, je prends de beaux poissons que j'assaisonne aux meilleures sauces ; je dors, peu troublé par les bruits d'alentour, et... voilà !

Nous rions de bon cœur et nous déclarons que ce brave homme est un philosophe intelligent, disciple de Lucullus, faute de doctrine épicurienne.

Il faut goûter de sa cuisine, il est fier de son talent et entend nous en convaincre.

Nous ajoutons à son déjeuner, le nôtre, et déjeunons ensemble, amusés par ses plaisanteries un peu gauloises. Il est si content, le solitaire, de voir des compatriotes, des visiteurs ; cela lui arrive si rarement ! Il nous propose une pêche, une promenade sur les rochers que nous dégringolons gaiement, malgré le temps qui se fait tout à fait vilain.

Nous atteignons enfin l'extrémité de Rass-Addar. Cette pointe se compose de rochers complètement nus, d'un gris presque blanc, semblables à de grandes dalles polies extrêmement glissantes, dépourvues de végétation, tristes d'aspect, mélancoliques ; les rochers forment des anses, des criques dans lesquelles l'eau pénètre, se croise en petits canaux où il est très amusant et très commode de pêcher. Il y a des oursins violets délicieux, des crabes énormes, de jolies astéries, des méduses qui flottent sur l'eau avec leur reflet opalin, gelée vibrante, ortie malfaisante. Des poulpes s'accrochent aux rochers, allongeant leurs tentacules visqueux, cherchant une proie ; des murènes filent, rapides, esquivant la perche ; nous faisons une récolte de gros bigorneaux, d'arapèdes tenaces, entêtées, au goût d'huîtres.

De jolies tomates marines étalent leur nuance pourpre, à côté des anémones *lilatées* ; c'est vraiment charmant.

Et les algues ! quelle étude variée j'en ferais, si j'avais le temps !

Malheureusement, il faut nous arracher aux rochers de Rass-Addar où nous prendrions si bien racine, semblables aux arapèdes, tant notre pêche nous amuse, et songer au retour, recommencer notre chemin dangereux, pénible.

Bientôt, équipés, nous voilà serpentant dans notre étroit sentier, accrochés aux flancs du roc, secoués par le vent qui tempête, assourdis par les vagues furieuses, le visage trempé d'embruns salins.

Il ne va pas falloir nous attarder, car nous avons à visiter, au retour, des grottes importantes d'un curieux intérêt.

Ici, un petit incident. Grâce à mon guide, l'Arabe aux 100 kilomètres, j'évite un vrai danger. A un périlleux endroit, mon âne fait un tel écart, qu'en l'espace d'une seconde, je suis suspendue sur l'abîme dont une main puissante m'arrache.

C'est un *sloughi*[1] qui a traversé le chemin devant mon bourricot comme un coup de vent, effrayant ma monture. Bien que je sois certaine d'être encore vivante, je suis émotionnée ; mon mari encore davantage, et une goutte de chartreuse n'est pas de

---

(1) *Sloughi* : Grand lévrier d'Afrique.

trop pour nous remonter. Vous pensez avec quel enthousiasme nous serrons la grosse main du brave colosse, mon si précieux secours.

Il tombe une petite pluie fine, sorte de brouillard qui verdit les plantes alpestres, donne un lustre frais aux rochers ; puis, à la guerre comme à la guerre, et cela ne mouille pas trop encore ; nos capuchons suffisent à nous préserver.

Nous terminons sans encombre notre route merveilleuse, abandonnant le sentier périlleux pour retomber sur la vraie terre et aboutir, au bout de quelques kilomètres, aux gigantesques excavations que nous allons visiter.

XII

LES GRANDES CAVERNES — PAUVRES CHAUVES-SOURIS !
IL PLEUT BERGÈRE !

Ces grottes sont taillées dans un sol rocheux ; elles ressemblent à des puits et forment des salles au nombre de dix-huit, toutes de dimensions différentes, éclairées, par le haut, de bouches ouvertes, laissant pénétrer les rayons du soleil ou des gerbes de pluie.

Elles constituent une série d'excavations profondes, sombres, creusées d'une façon géante.

Cependant, pour y pénétrer, il faut se courber complètement, tant l'ouverture est basse, étroite.

L'intérieur de la salle est vaste, élevé.

Des plantes sauvages, ronces et églantiers, dégringolent par l'orifice, tapissant les murs de branchages ; des touffes de capriers épanouissent l'étoile blanche de leurs fleurs, en ce lieu mystérieux, égayant cette solitude.

Certaines salles sont plus creusées que d'autres ; il faut descendre en rampant, armé de torches, car l'obscurité y est complète.

Nous sommes assaillis par des *tire-lille*[1] qui ont élu domicile dans ces noirs souterrains.

Des indigènes en poursuivent et en attrapent : elles poussent des cris de détresse, ces pauvres chauves-souris. Quelques-unes ont leurs petits suspendus à leurs mamelles que rien ne leur fait lâcher. Nous en avons pitié et leur rendons leur précieuse liberté.

Nous explorons longuement ces galeries muettes, interrogeant les sombres couloirs, les profonds souterrains, nous demandant à quoi ces salles étaient destinées.

Rien de bien déterminé à ce sujet.

De savants géographes les donnent comme déjà connues sous l'invasion d'Agathocle, le tyran de Syracuse, l'ennemi de Carthage, 287 ans avant Jésus-Christ.

D'autres supposent que ces cavernes formaient l'habitation de troglodytes, peuplade africaine vivant dans ces sortes de souterrains.

N'était-ce pas plutôt d'énormes silos, propres à emmagasiner les blés de Sicile, surnommée le « Grenier de Rome » après la conquête carthaginoise ?

Les indigènes les nomment *Rhar el Kebir*[2] ; la tradition ne leur a rien appris ; pour eux c'est la

---

[1] *Tire-lille* : Chauve-souris.
[2] *Rhar el Kebir* : La Grande Caverne.

grande caverne et rien de plus ; leur esprit ne cherche pas plus loin.

Nous sommes si bien enfouis dans les profondeurs du sol éclairées de nos torches, que nous oublions l'heure, et qu'il fait nuit quand nous sortons de ces excavations.

Et une pluie ! Une pluie diluvienne. Ce n'est pas très drôle de grimper à tâtons sur nos ânes, pendant que l'averse tombe dru sur nos pauvres dos transformés en éponges.

Les quelques kilomètres qui nous séparent d'El-Aouaria sont franchis aussi vite que possible, par la nuit noire, et nous regagnons avec délices notre campement sommaire.

Le plus triste de l'histoire, c'est que nos uniques vêtements sont sur nous ; comment faire pour les remplacer ?

Il faut absolument nous changer, abandonner nos airs de saules pleureurs ; vite nous nous drapons, à défaut de vêtements, dans des couvertures, prenant des poses majestueuses de vraies statues antiques, suppléant ainsi à l'absence de costume national.

Nous dînons dans cet attirail, pendant que nos vêtements sèchent, échangeant de plaisants quolibets sur notre comique situation, et n'avons plus que la ressource de nous coucher paisiblement en attendant le lendemain.

XII

LA TONNARA — AVE MARIA — IDÉALE ZEMBRA

Au matin, chacun ayant retrouvé ses vêtements heureusement secs, nous décidons de ne partir qu'après déjeuner, étant encore un peu courbaturés de la veille.

Mais, au préalable, nous allons, Pauline et moi, rendre visite aux femmes de distinction d'El-Aouaria.

Très gracieuses ces pauvres femmes, la plupart nées dans cette petite cité perdue, n'ayant jamais franchi le seuil de leur cour.

Elles nous font un accueil chaleureux ; leur surprise est extrême de contempler deux Européennes ; c'est un gibier si rare à El-Aouaria ; un vrai merle blanc ; aussi ouvrent-elles de grands yeux presque aussi grands que les cavernes du bord de la mer !...

Je découvre, attaché dans un coin, un joli petit chacal, au museau effilé. Il est tout plein mignon et je crois que je ferais la folie de l'emporter, si je ne me méfiais pas des instincts sauvages de cet animal qu'on ne peut apprivoiser.

Allons, en selle ! en route pour la Tonnara, la grande pêcherie de thons appartenant au comte Raffo qui nous a écrit un aimable mot, nous engageant à assister à la pêche qu'on nous dit être très curieuse.

Au revoir, petite cité patriarcale d'El-Aouaria, pays béni, dépourvu de juiverie : ton souvenir ne s'effacera pas de ma mémoire.

Encore quelques rochers, puis de vastes plaines couvertes de genêts fleuris embaumés.

La pluie a cessé au lever du soleil ; il fait frais et beau, nos bêtes reposées marchent avec ardeur.

Ici, nous atteignons un vaste *enchir* dont le propriétaire, M. Bonnard, habite Paris. Le gérant vient au-devant de nous, nous priant de nous arrêter un moment dans la ferme, ce que nous faisons avec plaisir.

Des champs de pommes de terre s'étendent à perte de vue ; des tonneaux par centaines s'alignent, destinés à les exporter en France. Je ne sais si M. Bonnard a tiré grand profit de son essai.

Le gérant et sa femme nous reçoivent très gracieusement ; nous visitons tout : écuries, poulailler, jardin, etc.

Au cours de notre promenade, nous entendons les sons d'un harmonium.

— Qu'est-ce que cela, dis-je, fort surprise, à la femme du gérant ?

— C'est le jardinier, me dit-elle, il est bon musicien, et charme ses loisirs.

Nous apprenons que ledit jardinier est, tour à tour, maréchal-ferrant, menuisier, tapissier, plombier. C'est un prêtre qui a laissé la robe pour venir s'exiler à l'*enchir* Rermann.

C'est le pays aux épatements, cette Tunisie ! Et on peut faire vraiment de singulières études de mœurs !

※

Après quelques kilomètres à travers les genêts d'or, les touffes de lentisques, les champs criblés de fleurs, nous apercevons les hautes cheminées de l'établissement de la Tonnara, concession lucrative donnée par un ancien Bey au comte Raffo.

Cette vaste exploitation est située sur une sorte d'îlot, entre la mer et une lagune qu'on traverse, soit à pied sur un petit aqueduc, qui sert aussi de viaduc, étroit de 50 centimètres environ, ce qui nous occasionne un vertige affreux, soit à cheval, lorsque les eaux sont basses.

Les bâtiments sont très importants.

Ils se composent, au centre, de la maison que le comte Raffo habite pendant la saison de la pêche des thons, pavillon central suffisamment confortable ; de grands magasins voûtés, où les thons sont coupés, dépécés, cuits, enfermés dans les boîtes avec une grande dextérité ; de grands-hangars, séchoirs, lavoirs, etc., de huttes pour les pêcheurs Siciliens presque en majeure partie, au nombre de deux cents environ, venant de Sicile ou d'Italie, spécialement pour la saison consacrée à la pêche.

Ces pêcheurs forment un petit bataillon admirablement discipliné, qui se meut dans un ordre parfait, avec une précision remarquable.

Au seuil de sa maison, nous attend le comte Raffo qui nous fait l'accueil le plus courtois, offrant à notre *smala*, une hospitalité fort gracieuse, puis nous conduit à travers son vaste domaine, nous expliquant la pêche du lendemain.

Un petit belvédère, d'où l'on jouit d'une vue ravissante, nous offre un asile charmant. Nous passons quelques heures fort agréables à causer avec M. Raffo, à boire des tasses de thé, en compagnie d'un de ses amis, capitaine de la marine anglaise, joyeux compagnon plein d'humour, qui nous charme par sa manière comospolite d'exprimer sa pensée, en Anglais, en Italien, en Français ; un vrai polyglotte !

Il fait délicieux dans cette vérandah au bord de la mer.

Nous saluons une grande statue de la Vierge située sur l'extrémité du petit port, étendant ses bras protecteurs sur les flots, et de grand cœur je fredonne *Ave Maris Stella ! Dei Mater Alma !*

Exactement en face du belvédère où nous sommes accoudés, ravis du tableau qui nous entoure, se dessinent les îles Djâmour, Zembra et Zembretta, déjà entrevues. Je ne peux me lasser d'admirer la limpidité merveilleuse de l'atmosphère, la clarté du ciel baigné d'or qui reflète son éclat lumineux sur l'eau écumante qui se brise aux pieds de la Vierge, étoile du pêcheur.

L'île Zembra passe successivement par tous les tons du prisme. Tantôt rosée, tantôt lilas, conservant toujours sa transparence bleutée. On dirait un nuage, avec des reflets d'opale, de rubis, d'améthyste, s'élevant au sein des flots, profilant son élégante silhouette. C'est en vain qu'autour de moi, on veut m'y entraîner et me faire monter sur une petite chaloupe qui se balance à nos pieds.

Merci bien, je reste à mon observatoire : il fait si bon ! Je préfère admirer Zembra de loin, noyée dans l'azur, semblable à une île enchantée, mystérieuse dans l'immensité. De près, ma chère illusion disparaîtrait. Je ne verrais plus que des rochers arides, des pierres froides, un sol improductif.

Mes souvenirs me la montrent éternellement bleue et rose, empourprée d'or, entre le ciel et l'eau, regardant impassible, les hommes sur les bateaux, les thons dans les filets, les nuages et les mouettes, la vie qui naît, qui meurt sans cesse.

Et je reste là, seule, les yeux perdus au loin, l'âme pleine, sur cette vérandah qui reflète les pourpres du couchant. La mer chante son éternel poème, l'horizon adoucit graduellement ses rayons, étendant d'exquises transparences, ombres rosées, sur la Vierge Marie, et je dis tout bas, comme dans un songe : *Ave, ave, Maria !*

Il me semble que je deviens, en cet apaisement des choses, une vapeur, un souffle qui passe silencieux.

Tout mon esprit, dégagé de matière, flotte dans l'atmosphère translucide.

Je ne suis plus qu'un tout petit nuage ballotté par la brise du soir qui effleure la robe de la Vierge : *Ave, ave Maria !*

XIV

LA MACTANCE OU PÊCHE DES THONS

Nous sommes une vraie bande joyeuse, réunie autour de la table du comte Raffo, tous pleins d'entrain et d'appétit.

Une place reste vide, on s'inquiète.

— Où est donc *lo padre* ?

Enfin le voilà ! *Il signor padre*, le prêtre qui remplit les fonctions d'aumônier, car il y a une église à la *Tonnara*[1], église où nous entendons le lendemain la messe destinée à attirer la bénédiction sur la pêche annoncée pour le jour même.

De grand matin, nous sommes tous, jumelles en main, sur le petit belvédère, attendant le signal du départ pour sauter dans les barques, assister à la *mactance*[2].

En pleine mer un petit point noir :

---

(1) *Tonnara* : Thonnerie, en italien ; fabrique de conserves de thon. Désigne aussi la madrague qui sert à pêcher ce poisson.

(2) *Mactance* : Corruption sicilienne des mots italiens Macco, Maccéllo, qui signifient abatage, massacre.

C'est le maitre de pêche, dans une barque, attendant que les thons soient en nombre suffisant dans les filets tendus depuis la veille, pour donner le signal. Il en a une telle habitude qu'il ne se trompe jamais sur l'entrée des thons dans le filet central appelé lugubrement *chambre de la mort.*

Le vieux marin lève un drapeau ; des hurrahs éclatent.

En un clin d'œil, les barques sont bondées de pêcheurs siciliens ; nous nous embarquons à leur suite et filons sur la mer transparente qui clapote. La barque ondule ; l'affreux mal de mer nous étreint, tant pis ! Il faut être stoïques ; ce massacre nous tente trop.

Nous y voici : d'énormes barques, formant un vaste carré, entourent le filet de fond qui contient les poissons. Le chef de pêche, vieux petit bonhomme, vrai loup de mer, évalue les thons à cinq cents.

Immobile, seul dans sa petite nacelle, au milieu du carré, il considère attentivement l'instant propice pour lever le filet. Enfin, il donne le signal et se couvre d'un épais caoutchouc, car il sera, tout à l'heure, au milieu d'une vraie tempête produite par les thons cherchant une issue sans la trouver.

Des chants étranges sont entonnés par les deux cents pêcheurs soulevant en parfait accord l'énorme filet de fond maintenu par des cordes, de vrais câbles.

Un rythme bizarre accompagne les oscillations des barques sur les vagues. Peu à peu le filet monte, soulevant en même temps les énormes poissons qui se débattent désespérément au milieu du carré, pour fuir le bruit qu'ils entendent. L'eau s'agite, bouillonne ; c'est palpitant ! On sent que quelque chose de terrible va se passer.

Le grondement augmente de violence, on dirait le tonnerre : des masses noirâtres, affolées, surgissent des eaux, et un spectacle inoubliable se déroule sous nos yeux, au milieu des flots bleus et riants qui entourent le carré, théâtre sanglant où se débattent les victimes.

Le fond du filet étant suffisamment levé, le signal du massacre étant donné, les pêcheurs poussent des cris féroces, entrecoupés d'injures à l'adresse des thons éperdus qui font des bonds prodigieux, éclaboussant d'eau les barques qui les enserrent.

C'est en vain ! En peu de temps les cinq cents thons sont harponnés, jetés dans les barques, au milieu des cris de joie sauvage, tenant du délire ; les visages halés des Siciliens respirent un plaisir infernal. Les harpons, jetés d'une main sûre, avec une remarquable habileté, s'accrochent aux thons qui se débattent, donnant de formidables coups de queue ; le sang coule à profusion ; l'eau bleue devient bientôt une mer de sang.

Un grand espadon, armé de sa lance puissante, essaye en vain de couper les mailles du filet ; il va retrouver dans les barques ses compagnons de voyage, dont il partage la mauvaise fortune. Les cris sauvages s'apaisent ; les barques, lourdement chargées, se dirigent sur la *Tonnara*, laissant un long sillage sanglant.

Aussitôt le travail commence avec une rapidité qui tient du vertige.

Le mot n'est pas trop fort, puisque les 500 thons, après avoir été bien huilés, bien soudés dans des milliers de petites boîtes en fer blanc, seront, dans les 24 heures, tous embarqués pour Livourne sur le petit vapeur qui chauffe dans le port.

En un clin d'œil, ils sont transportés dans les hangars, pendus, vidés, coupés, hachés.

Les ouvriers, chacun dans leur spécialité, sont d'une habileté extrême ; ils travaillent en silence, sans perdre une seconde, avec un ordre parfait.

D'énormes chaudières servent à ébouillanter la chair des poissons ; la nuit se passe à la continuation du travail ; nous assistons, fort tard, avec le plus vif intérêt, à cette cuisine fantastique, et, le lendemain matin, à notre lever, nous regardons disparaître à l'horizon le petit vapeur italien emportant les 500 thons. J'oubliais de vous dire que le plus petit thon mesure au moins deux mètres de longueur.

A la première heure, nous sommes en selle, prenant congé de notre aimable amphytrion, enchantés de notre séjour à la *Tonnara* et de sa pêche miraculeuse.

XV

SIDI-DAOUD — DIEU QU'IL FAIT CHAUD !
SOLEIL COUCHANT

Cinquante kilomètres nous séparent de Hammam-Korbès ; c'est notre étape de la journée, aussi marchons-nous bon train, d'autant plus que la route que nous suivons, sur la plage, est très fatigante. Le chemin est uniforme, le pays plat, l'éclat blanc du sable est si intense que les yeux en sont brûlés ; le soleil pique fort ; c'est une chaude journée. La mer semble endormie ; à peine de petites vagues murmurent-elles leur cadence. L'atmosphère transparente miroite en ondes irissonnantes.

Toujours bleue et rose, la belle Zembra s'élève au milieu des flots, fidèle compagne de route, car nous côtoyons la mer fort longtemps pour éviter la chaleur.

Nous laissons à gauche la *zaouïa* de Sidi-Daoud, dont le dôme blanc dessine son ovale éclatant sous le ciel bleu.

Des bateaux passent : vapeurs enfumés, goëlettes,

flouques gracieuses, pareilles à des papillons aux blanches ailes, presque immobilisées par le calme plat de l'atmosphère. Pour charmer notre course et tuer le temps, nous causons ; la matinée s'écoule et c'est avec une satisfaction évidente que nous descendons de cheval pour nous reposer et déjeuner.

Un joli coin vert nous attend ; à un kilomètre de la plage, une source murmure, un caroubier étend son ombre bienfaisante ; quel plaisir de s'allonger au frais, en face de la mer chantante, les yeux sur la vision de l'île enchantée... le pays bleu !

Nous déjeunons gaiement ; les boîtes de thon que M. Raffo nous a offertes sont englouties. Et dire que ces pauvres thons, hier encore, étaient dans l'eau ! Nous faisons la réflexion que la moitié de l'espèce humaine dévore l'autre moitié et nous déclarons qu'il vaut mieux être mangeur que mangé.

Ah! quelle sieste reposante ! Comme nous resterions encore là si Hammam-Korbès n'était pas si loin ! Mais il faut s'arracher aux délices de Capoue et ne pas imiter Annibal dans son dangereux farniente.

°

Après le sable, le chemin ou plutôt la piste devient difficile. Ce sont des coteaux broussailleux, des garrennes non défrichées, des landes épineuses, puis un joli ravin verdoyant, où des femmes arabes lavent, dans le peu d'eau qui serpente, leurs nippes et leurs peaux de mouton.

De petits enfants courent sur les pierres, nus comme des crapauds, poursuivant de vilaines tortues d'eau.

A partir de ce moment il n'y a plus trace de sentier. Nous marchons guidés par le capuchon bleu de notre conducteur à travers les touffes compactes de lavandes, de cistes, menthes et labiées odorantes que les sabots de nos chevaux foulent en passant et qui distillent leurs parfums pénétrants dans l'air tiède.

Voici le massif montagneux du *djebel* Korbès, l'importante chaîne de Rass-el-Fortas se dressant devant nous, encadrant le golfe de Tunis.

De ce point, il est facile de se faire une idée exacte de la presqu'île du cap Bon que nous venons de parcourir.

Quelques taches blanches dans des forêts d'oliviers. Ce sont : la Massara, Bridge et Douéla. Dans ce dernier village que nous traversons, la population s'ameute, les chiens hurlent furieux, les petits *bicots* roulant sur le fumier avec des poules, arrêtent leurs ébats et fuient effrayés.

Ce n'est pas tout. Nous voici au pied du *djebel* Korbès. Il faut le gravir.

Nous nous regardons en souriant, hochant la tête : cela va être dur.

En effet, c'est le chemin du paradis, le chaos avant

la formation du monde, au temps où les éléments déchaînés accumulaient les rocs contre les rocs, où les êtres géants jonglaient avec ces énormes blocs.

Ce paysage ressemble tout à fait à ces tableaux, représentant la terre avant le déluge, et si de ce chaos puissant sortait sous nos yeux un mégalosaure ou un ichtyosaure, nous ne serions pas surpris. D'énormes dalles polies, glissantes, sont jetées çà et là ; plusieurs d'entre nous font des chutes, les chevaux glissent et s'abattent. Comme cela devient fort dangereux, il faut mettre pied à terre et grimper en vrais chamois. C'est toute une ascension à travers les rochers bordés d'une végétation luxuriante. La flore est superbe : des thuyas, des myrthes fleuris, des fougères énormes croissent dans un désordre sauvage, que la nature, cette grande artiste, sait merveilleusement encadrer. Le ciel s'empourpre des lueurs du couchant ; nous hâtons notre pénible montée, car si la nuit nous surprenait, nous serions obligés de coucher sous les fougères. Ce serait fort poétique, mais cela ne nous tente pas, car nous sommes harassés. Encore quelques efforts, nous voici au sommet du *djebel* Korbès au moment où le soleil plonge son disque enflammé dans l'eau qu'il embrase.

C'est un panorama merveilleux. Haletants, nous regardons le tableau qui se déroule sous nos yeux : le golfe de Tunis incendié ; Tunis, à l'horizon, découpant ses minarets dans le ciel rosé, La Goulette, Carthage, St-Louis, Sidi-bou-Saïd accroché à son cap.

Un calme profond nous environne, pas un bruit ; ni le bruissement d'une feuille, ni le vol d'un oiseau ; un recueillement extrême, reposant comme un doux songe.

La petite ville de Korbès est à nos pieds ; la descente est dure. Il fait complètement nuit lorsque nous entrons dans cette petite cité. Nous consacrerons notre matinée du lendemain à la visiter, car nous sommes brisés de fatigue.

XVI

KORBÈS — SOLIMAN — A CHEVAL SUR UN CHAMEAU

C'est un bien misérable petit village que Korbès. Les quelques maisons qui composent cette bourgade musulmane sont bâties dans la gorge de la montagne, près de la mer.

Il y a de nombreuses sources thermales fort chaudes ; les musulmans viennent s'y baigner et les disent salutaires contre les rhumatismes et les maladies de la peau. De bon matin, nous visitons l'établissement thermal, qui est pauvre, mal tenu, et nous allons pêcher des crabes sous les rochers.

Du fond de ce petit port, la vue est ravissante : de jolies barques se balancent en grand nombre ; toutes les relations commerciales de la population se font par mer avec Tunis, La Goulette, Hammam-el-Lif.

Quelques ruines romaines sont éparses, çà et là. Ce sont les vestiges de l'ancienne *Carpi*, d'où dérive le nom de Korbès, par corruption.

Après avoir circulé de tous côtés dans ce petit coin

sauvage, nous remontons en selle, dirigeant notre course sur Soliman.

Beaucoup d'oliviers, une plaine fertile, des céréales jaunissantes ; la route, après avoir été pénible, devient facile, ce qui nous permet de marcher bon train et d'arriver de bonne heure à Soliman.

C'est pour la forme et parce que ce village se trouve sur notre chemin que nous nous arrêtons pour souffler à Soliman, car ce petit centre, d'aspect misérable, n'offre rien de bien curieux.

Soliman a été très florissant autrefois, au xviie siècle, lorsqu'il fut rebâti par les Maures d'Andalousie, mais aujourd'hui, quelle désolation ! On suppose que cette cité fut jadis l'ancienne *Megalopolis* dont parle Diodore de Sicile et qu'elle tomba dans les mains d'Agathocle au moment de sa marche en Afrique.

Malgré les instances du *khalifat* qui veut nous offrir l'hospitalité, nous nous mettons en route pour faire notre étape du soir : Turki.

o*o

Je suis personnellement très désireuse de retrouver Turki le plus tôt possible, car mon amie Fathouma m'y attend et j'aime beaucoup Fathouma. Je vous reparlerai d'elle bientôt et je suis sûre que vous accorderez toute votre sympathie à cette excellente femme.

Comme il est tard, que nous sommes pressés et un peu fatigués, nous nous voyons obligés de couper court, de prendre le chemin le plus rapide. Nous traversons de belles forêts d'oliviers, un endroit marécageux ; et nous avons, ma foi, une belle idée, car nous voilà embourbés, enlizés jusqu'au poitrail de nos chevaux, qui ne peuvent plus se démarrer de cette glue.

Nous commençons par rire de bon cœur, puis tous nos efforts étant superflus, nous finissons par rire jaune, car le soleil baisse sensiblement à l'horizon, à l'opposé de l'horrible boue qui augmente au moindre effort des chevaux exténués.

Que faire ? Nous ne pouvons pourtant pas coucher dans cette fange ; nous nous y enfoncerions jusqu'à la ceinture, si nous avions le malheur de descendre de nos montures. C'est navrant.

O bonheur ! De loin s'avance magistralement un paisible dromadaire surmonté d'un *bicot* qui chantonne une nasillarde mélopée. Salut vaisseau du désert ! Sans nous le dire, nous nous sommes tous compris.

L'Arabe, hélé par le guide, arrive difficilement jusqu'à nous et se prête très volontiers au service qu'on lui demande : nous transporter sur la route sèche qui se trouve non loin de cet affreux marécage.

Et voilà comment nous nous hissons péniblement sur le dromadaire grognard et cahin-caha, accrochés à cette bosse bienfaisante, cahotés par le pas si dur de notre monture d'un nouveau genre, nous abordons, non sans avoir bien mal au cœur. C'est certainement pour cela que le chameau est comparé à un vaisseau.

Ah ! certes ! nous n'avions pas le choix des moyens, et celui-là n'était pas trop ordinaire. Vite, vite, au galop, sur la route carrossable ; regagnons le temps perdu.

Nous ne nous arrêtons pas à Grombalia.

Pourquoi faire ? Grombalia est affreux, et Turki, qui pointe son dôme blanc dans la nuit lumineuse, nous attire comme des phalènes.

De nos jours, Grombalia a pris de l'importance. Le contrôle civil, les services qui en dépendent se sont fixés dans cette localité, abandonnant Nabeul, la jolie Nabeul !

Le pays environnant est fort riche.

De beaux vignobles, des forêts d'oliviers plantureux, enrichissent les colons.

Nous remarquons tout cela malgré notre rapide allure, et arrivons à Turki en poussant un ouf de satisfaction, fort désireux de reposer nos membres qui ont déjà pas mal voyagé à cheval, à bourricot, en barque et à... chameau.

XVII

TURKI — MON AMIE FATHOUMA

Le *khalifat* de Turki est un de nos amis. C'est un beau vieillard qui est fixé dans cette petite bourgade de fort peu d'importance, où il possède cependant une maison confortable. Son fils, un grand gaillard, très aimable, habite également Turki avec sa femme, mon amie Fathouma, avec laquelle je vais vous faire faire ample connaissance, tout en vous racontant sa petite histoire : cela vous intéressera.

Fille de musulmans de bonne famille habitant Tunis, Fathouma fut un jour remarquée, toute jeune, par le premier ministre. Celui-ci, fort amateur de chair fraîche, comme l'ogre du Petit-Poucet, fit des propositions aux parents de la petite Fathouma qui refusèrent d'offrir leur fille, encore enfant, en holocauste au puissant vizir.

Ne pouvant obtenir de bon gré la petite Fathouma, le ministre tourna la difficulté. Il enleva, ou plutôt fit enlever l'enfant.

Les parents crièrent, mais le puissant seigneur fit

le sourd, et les portes du harem se refermèrent sur Fathouma.

Son éducation fut confiée à une Italienne, femme de charge du palais, nommée Alessandrina, qui lui donna tous ses soins, jusqu'à l'âge de la nubilité.

Après avoir été comblée des faveurs du vizir, elle fut, au moment de la déconfiture de celui-ci, liquidée avec le reste du harem et épousée par le fils du *khalifat*.

Le ménage était, du reste, parfaitement heureux ; Fathouma était, contre l'ordinaire, fort intelligente, assez réservée dans ses conversations, d'une grande délicatesse, douée de beaucoup de bon sens.

Je l'avais connue à Tunis, où son mari possède une maison dans le quartier de Bab-Souika. Elle venait me voir et bien souvent je passais des après-midi chez elle, à broder tout en causant. Son café était délicieusement bon ; elle le faisait à côté de moi, tout en roulant de bonnes petites cigarettes de feuilles de rose et de verveine citronnelle que nous fumions toutes deux dans la paix de cette cage grillée. A travers la fumée de nos exquises cigarettes, j'écoutais les récits fidèles qu'elle me faisait de son ancienne existence, des immondices de la petite cour du favori du Bey régnant.

**

C'était une drôle de ville que Tunis à ce moment-là ! Il y régnait une licence digne d'en remontrer aux siècles d'Aspasie et de Cléopâtre : Un méli-mélo étrange de races, de couleurs, de nationalités, un croisement de Tunisiens, d'Italiennes avec une abondance de Juifs : Quel mélange infernal ! Tout cela, trivial, aux mœurs incohérentes ; un composé de couscouss et de macaronis !

Les hommes, dans les rues, le chapeau sur l'oreille, sifflaient, criaient, interpelaient les femmes, leur tapaient sur l'épaule, disant sans façon : « Eh bonjour ! Marietta ! Ça va bien Josépha ? » Et des rires dans un tutoiement perpétuel.

C'était l'époque où quelques femmes en évidence faisaient la pluie et le beau temps, menant nombre d'hommes distingués par le bout du nez.

Il n'y avait pas assez de vaches dans la campagne pour fournir le lait nécessaire au bain de Madame X.... Chaque jour la baignoire en débordait et comme il ne faut pas négliger les petits profits, l'atavisme juif ne perdant jamais ses droits, les caméristes récoltaient soigneusement le lait après le bain de Madame X..., l'enfermaient dans de petits pots, lesquels petits pots circulaient dans les rues de Tunis, devenant tour à tour le déjeuner du bon populo, sous forme de riz au lait et de crème au chocolat !

***

Mais revenons à ma chère amie Fathouma :

Fathouma avait le bon esprit de ne pas regretter son harem et la faveur dont l'avait entourée un moment son protecteur. Cela prouvait son esprit droit et la discipline de son éducation musulmane.

Elle passait tout l'été à Turki, je la voyais souvent, cette excellente femme, fraîche, réjouie, grasse et lourde, mais si avenante.

C'était le seul intérieur arabe où mon mari pouvait pénétrer librement.

Le nouveau maître de Fathouma avait l'esprit large, sa maison était la nôtre. Que de fois leur hospitalité nous fut précieuse dans nos pérégrinations par des pluies torrentielles, lorsque l'*oued* Belli devenait impraticable, entraînant tout sur son passage, ravinant le chemin, déracinant les oliviers. Nous étions toujours sûrs de trouver à Turki de bons visages accueillants, un asile pour laisser passer la rafale. Il ne faut pas croire qu'il pleut en Afrique comme il pleut en Europe. Ici, tout est extrême : ou le déluge ou la sécheresse d'une aridité de rocher ; l'espace noyé ou l'espace brûlé du soleil de feu . . . . .

. . . .

Nous arrivâmes à Turki, bien heureux de nous reposer.

Fathouma et son mari nous avaient préparé du vin chaud. Voyez-vous un peu quelle attention pour des musulmans ? Comme elle se démenait, cette brave Fathouma, et quels bons petits plats elle avait à offrir aux voyageurs !

Notre excursion dans la presqu'île du cap Bon touche à sa fin ; nous allons, après une nuit bien reposante, pousser une petite pointe dans les montagnes du Khanguat, puis nous reprendrons notre chemin à travers les dunes étoilées de pâquerettes, de Menzel-Roumi, regagnant la blanche Nabeul assise dans les oliviers, toute rayonnante de clartés, embaumée d'orangers fleuris, noyée dans son berceau de verdure la cachant jalousement.

XVIII

CE N'EST QU'UN JUIF — LE DÉFILÉ DE LA HACHE
BONJOUR NABEUL !

De bon matin, avant de quitter Turki, j'étais avec Fathouma et son mari, causant, tout en buvant du *caoua*. A ma grande surprise, j'aperçus une ombre masculine qui traversait la cour.

— Comment ! dis-je au mari de Fathouma, tu laisses entrer un Arabe chez toi ! tiens, vois, il s'avance.

Notre ami se lève, regarde ; ses traits prennent une expression de dégoût insurmontable, il crache par terre avec un souverain mépris et dit :

— *Ma iselche, youdi barka !* (1)

C'est-à-dire un vil atome, pas même le quart d'un homme, un être qui ne compte pas, incapable d'attirer le regard des femmes.

Ce n'est qu'un Juif ! phrase profonde que notre génération devrait méditer !

---

(1) *Ma iselche, youdi barka !* : Cela ne fait rien, ce n'est qu'un Juif !

Ce n'est qu'un Juif, un profil de vautour, une patte crochue, un lingot en guise d'organe cardiaque.

Et le Juif allait, venait, dans la cour, occupé uniquement de *sourdis* (1), du gain qu'il allait tirer de son petit commerce. Il se faisait cauteleux, complaisant, plein de miel pour attirer les mouches qui, sous formes de femmes arabes, entraient acheter des allumettes, des aiguilles, épingles et boutons.

Méfiantes, connaissant Israël, elles ouvraient prudemment les boites, avant de lâcher leurs sous, la poche du Juif étant un abime où l'argent tombé ne reparait plus.

De chaque boite il avait retranché dix allumettes, deux ou trois aiguilles. Les musulmanes criaient au voleur ! Elles faisaient, à bon droit, un tapage assourdissant autour d'Israël, inquiet, et celui-ci glissait des regards fuyants vers la porte, désirant esquiver l'orage.

C'était des injures ! *Kelb, ben el kelb, ihab isserk el nass* (2).

Très intéressée, je regardais le tableau, les femmes furieuses, Israël courbant l'échine, de plus en plus souple et cauteleux, préservant sa boite à malice, uniquement préoccupé de mettre son bien en lieu sûr.

---

(1) *Sourdis* : Sous (en langage vulgaire).

(2) *Kelb, ben el kelb, ihab isserk el nass* : Chien, fils de chien, il veut voler les gens.

Ennuyé de tout ce vacarme dans sa maison, le mari de mon amie prit un balai, chassa Israël qui ne demandait que cela ; l'incident fut clos ; le Juif court encore, trafiquant jusqu'à la fin du monde, sans jamais se lasser, de ses allumettes et boutons, rentrant joyeux, le soir, dans sa tanière, lorsqu'il a pu réaliser quelques sous de bénéfice. Il a fait comme le bon Titus, et il dit au comble de la joie : « Je n'ai pas perdu ma journée ! »

*_**

En route pour le Khanguat, où nous allons visiter une vraie colonie, la propriété de M. Lançon, défrichée, plantée, taillée, labourée avec ardeur et intelligence par ce courageux propriétaire, qui a su transformer, par un travail opiniâtre, la broussaille en un vignoble des plus riches.

Un défilé, taillé dans les montagnes, coup de hache géant, fixe nos regards. C'est, dit-on, le « Défilé de la hache de Salamboô », immortalisé par Flaubert. La végétation abonde, superbe, dans ce col grisé de lumière et d'air pur.

La vigne pousse avec succès dans cette colonie naissante, secondant les efforts des travailleurs infatigables, dignes de réussir.

Rien ne les rebute : ni les touffes de lentisque, ni

les racines sarmenteuses du jujubier hérissé d'épines, dont le Khanguat est infesté, rendant le défrichement très pénible.

Nous passons devant un puits antique.

Une femme drapée de cotonnade bleue puise de l'eau : Rebecca à la fontaine, de biblique souvenir, digne épouse d'Isaac, mère de Jacob et du gourmet Esaü !

Après avoir chevauché dans les broussailles, admiré des ruines romaines, nous filons sur Nabeul, laissant derrière nous Turki, Belli, les solitudes fleuries de Menzel-Roumi, les forêts d'oliviers vert-cendré.

* * *

Bonjour, Nabeul ! Bonjour, visages connus de petits *bicots* qui sourient, apprivoisés. Voici Sidi, voici Lalla Yasmina de retour. *Slema* [1], cher *bled* [2]. Les chevaux regagnent l'écurie.

Quelques jours nous sont nécessaires avant de repartir visiter le colosse qui bleuit à l'horizon : le Zaghouan, par Hammamet et Hammam-Djedidi.

Ce sera le but de notre prochaine excursion.

---

[1] *Slema* : Bonjour.
[2] *Bled* : Pays.

TROISIÈME PARTIE

EXCURSION A ZAGHOUAN

I

HAMMAMET ET SA CASBAH — LES OIES DE MONSIEUR LE CURÉ
UNE SERVANTE ACCARIATRE

Je vous ai souvent parlé du Zaghouan, dont la haute silhouette émerge de la terre, s'élançant dans le ciel en fin nuage, dominant tous les alentours. Une excursion dans ce coin pittoresque et ses environs vous plairait-elle ? Si oui, reprenons nos montures, nos chevauchées champêtres et en route pour l'antique *Mons Zengitanus* par Hammamet et Hammam-Djedidi.

Nous traversons la blanche Nabeul; c'est vendredi, jour de marché ; il y a, sur la place et dans les rues, affluence de denrées du cru : carottes jaunes gigantesques, piments rouges en longs chapelets, *khorchef*[1] en petits paquets.

Les ânes plient sous le fardeau de leurs *zembil*[2] copieusement chargés ; les chameaux grognent sous le poids des sacs de grain ; les bouchers débitent la viande coupée en petits morceaux attachés par des ficelles d'alfa ; les crieurs publics, porteurs de *gandourâhs*, de *chechias*, s'agitent, s'égosillent, vendant leur marchandise à l'enchère.

Çà et là, doucereux, l'oreille au guet, l'œil perçant, Israël se faufile, en quête d'une bonne affaire, n'oubliant jamais *les petits profits*.

Passons vite à travers cette foule bruyante, hâtons-nous de retrouver la paix des champs, l'espace libre, la terre ensoleillée qui fleure bon, les horizons lumineux, profonds, les grands rayons d'or, les douces ombres violettes.

A peine sortis de Nabeul, nous marchons péniblement dans un chemin sablonneux bordé de figuiers de Barbarie qui débouche sur l'*oued* Sahir aux jardins verts encadrés de sombres cyprès.

Des *sebalas*[3] à créneaux blancs sont adossées à quelques jardins ; des églantiers fleuris, des paquets de clématite odorante grimpent et retombent sur ces dentelures d'une blancheur aveuglante ; les oiseaux radieux, dans le ciel clair, passent en bandes rapides.

---

(1) *Khorchef* : Cardons sauvages.
(2) *Zembil* : Panier double en sparterie.
(3) *Sebalas* : Fontaines-abreuvoirs.

Encore du sable, des cactus, puis des ruines : les vestiges de *Nabeul Kedime*, l'antique *Neapolis*.

Obliquons à gauche, suivant l'*oued* ensablé, pour donner un regard à l'ancienne cité. Ce sera vite vu, car il n'y a plus que quelques pierres, quelques mosaïques effacées, de rares débris de colonnes ensevelis dans le sable, des inscriptions sans grand intérêt.

C'est lamentable !

Ainsi que le pleure Gounod dans *Gallia* : « *Ses remparts ne sont plus que d'combres* ». Le temps a passé inexorable, dégradant, fauchant, dévastant *Neapolis*, si florissante jadis.

Nous abandonnons ce site désolé, que la mer berce de sa vague chantante, pour continuer notre chemin, laissant la sablonneuse *tabia*, et entrer dans une belle allée d'oliviers, côtoyant les flots, qui forment un décor charmant de pur azur à travers le vert-cendré des oliviers. Nos chevaux filent rapidement sous l'ombre légère ; de jolis ravins festonnés de gais lauriers-roses coupent la route en zig-zag. Celle-ci devient rocailleuse en brusque transition ; de sombres caroubiers projettent une ombre épaisse sur le sol ; ils sont chargés de *caroubes*, gousses longues, brunes, luisantes, au vague goût de chocolat, qui alimentent la population indigène, excellente nourriture pour les chevaux, qu'elle engraisse et auxquels elle donne un poil fin et lustré.

La mosquée d'Hammamet s'élève dans le bleu du ciel ; nous voici arrivés dans cette gracieuse petite cité, assise dans l'eau, entourée de dunes éclatantes, chaudes comme de la braise.

De beaux jardins fleurissent cette petite ville arabe ; c'est riant, fertile : un nid coquet de verdure baigné par les vagues, inondé de lumière.

Hammamet, paisiblement étendue au fond de son golfe, est entourée de murailles, défendue par une casbah flanquée de tours carrées, spécimen d'architecture tunisienne remontant au xvie siècle, ou, plus vraisemblablement, bâtie par les Espagnols.

La mer, en baignant cette citadelle, forme une petite baie où se balancent des barques siciliennes chargées de citrons, limons, oranges, poteries de Nabeul, à destination de la Sicile, sa proche voisine.

Nous gravissons la forteresse ; l'intérieur est en ruines, mais du haut des remparts le coup d'œil est charmant. L'horizon, très pur, permet de distinguer au-delà du golfe, les monts de Sousse, de l'Enfida, le pic de Takrouna, la grande stature du Zaghouan, pareil à un lion couché.

***

Entrons dans la ville.

Quelle désillusion ! elle était si jolie de loin, dans sa verdure, baignée par les flots bleus, miroitante de lumière !

De près, c'est peu attrayant.

Ainsi que toutes les villes arabes, c'est un dédale de rues sombres, tortueuses, à l'aspect misérable ; des ruelles désertes, où circulent quelques rares passants borgnes ou aveugles.

Hammamet a, en effet, cela de commun avec Nabeul : beaucoup d'indigènes atteints de cécité ou tout au moins aux yeux fort malades.

Est-ce au sable fin d'un blanc intense qu'il faut attribuer ces accidents funestes ?

Ne serait-ce pas aussi à la petite vérole ? car ils sont presque tous troués comme des passoires.

Ils ont été jusqu'à présent, ces pauvres *bicots*, si réfractaires à ce bienfaisant vaccin ; si réfractaires hélas ! à toute sorte d'hygiène. Aussi, que de mortalité ! les plus forts résistent, traînant, la plupart, une existence contaminée, rongée par la syphilis dans ce qu'elle a de plus répugnant, pataugeant dans leur éternelle routine, et Dieu sait si elle est propre leur routine ! traitant eux-mêmes leurs maladies par les mêmes remèdes : l'huile, le beurre rance, le benjoin, le *henné*, le *tefelh* ; ce sont les panacées qu'ils emploient sans aucune science, tout cela à grand renfort de chiffons atrocement sales, si dégoûtants, que vous ne les toucheriez certainement pas avec des pincettes.

Leur grand mal est le manque de propreté. Ils font cependant des ablutions, mais c'est pour accomplir leurs devoirs de bons mahométans, et non pour se laver, puisque, à défaut d'eau, ils peuvent faire ces ablutions avec des pierres.

Au moindre bobo, ils se rendent chez le *hadjem*[1], qui est plus ou moins *tebib*[2] ; celui-ci a la spécialité de les guérir, de « leur ôter du sang » en leur tailladant le crâne à coups de rasoir.

***

Il y a beaucoup de Maltais à Hammamet, par conséquent un prêtre et une petite église. Chaque dimanche, à cette époque-là, le curé allait à Nabeul dire une seconde messe.

Ce dernier, d'origine maltaise, n'avait qu'un défaut : c'était d'avoir une servante d'humeur fort acariâtre, lui rendant la vie très dure et le menant — ainsi que le prouve cette petite anecdote absolument authentique — par le bout du nez.

Outre son jardin, ses fleurs, M. le Curé affectionnait particulièrement six belles oies bien blanches, très familières.

Ces vigilants sauveurs du Capitole étaient, sans s'en douter, une cause incessante de discorde entre le pasteur et l'autoritaire Justine. L'un voulant con-

---

[1] *Hadjem* : Barbier.
[2] *Tebib* : Médecin.

server ses oies, l'autre, c'est-à-dire Justine, n'ayant qu'une envie : tordre le cou aux pauvres volatiles pour les enfouir dans des pots de graisse.

Dame ! Justine aimait les confits, et, en cela, elle n'avait pas tort, les ressources d'Hammamet étant, à ce moment-là, si restreintes !

C'était une lutte intestine sans relâche, les Montaigus, les Capulets ! M. le Curé en sortait toujours triomphant, et les oies aussi.

Justine, horriblement vexée, prit un jour une résolution extrême. Un dimanche, pendant que le prêtre officiait au milieu des Maltais recueillis, au moment de l'élévation, l'audacieuse servante se glissa en couleuvre auprès de l'autel où le prêtre était prosterné et lui dit à demi-voix : « Monsieur le Curé ! Monsieur le Curé ! je vais tuer les oies ! » et, sans vouloir remarquer les gestes de colère et l'air courroucé du prêtre qui ne pouvait descendre de l'autel, l'astucieuse gouvernante prit ses jambes à son cou, ne fit qu'un saut jusqu'au presbytère, saisit un grand couteau, attrapa les victimes et les égorgea sans pitié.

Après une courte action de grâce, M. le Curé, fort inquiet, reprit d'un pas hâtif le chemin de la cure. Horreur ! Au milieu de la cour, il recule d'épouvante à la vue des six oies pantelantes dans leurs robes blanches couvertes de sang.

Vous jugez de la querelle...

Justine fut mise à la porte, mais pleura tant et si

bien, que, le soir, M. le Curé fut clément, la charité étant la plus parfaite des vertus théologales, et pendant que le prêtre, au crépuscule, lisait son bréviaire sur la plage, pour apaiser sa juste colère, demandant au ciel une sainte patience, Justine, essuyant ses larmes, plumait les oies dont elle fit d'excellents confits, lesquels confits M. le Curé avala jusqu'au dernier morceau.

L'histoire ne dit pas s'il les digéra.

II

LE GOMMEUX « TRÈS-JOLI ! » — ZAOUIA SIDI-DJEDIDI

Le *khalifat* nous accueille avec l'hospitalité ordinaire ; les petites tasses de *caoua* circulent selon l'usage.

Le neveu du *khalifat*, Si Ali, vient nous saluer. Un vrai gommeux ! burnous chatoyant, gilet et pantalon jaune soufre, turban irréprochable ; pour achever sa toilette, Si Ali a mis des gants et quels gants ! des gants rutilants en peau rouge sang de bœuf, de vrais coquelicots ! Où a-t-il pu dénicher de semblables produits de la civilisation ? Il ne sait du reste que faire de ses mains, tant elles sont gênées dans leur éclatante prison, ce qui nous donne des fous rires interminables. Il barbotte quelques mots de français, à chaque phrase il dit : « *très-joli* » ; immédiatement nous le baptisons de ce nom qui lui est resté.

Le *khalifat* et *Très-Joli* nous demandent de venir visiter un beau jardin où ils viennent de faire construire une maison. C'est à peine à un kilomètre ; pour y arriver, il faut passer par un petit sentier, fleuri de groseillers sauvages ; cela sent tout à fait bon dans ce chemin où lutinent les chardonnerets et les mésanges.

Le jardin est superbe, les citrons gros comme des potirons (sans trop exagérer, car je ne suis pas de Marseille...) et les grenadiers couverts de fleurs purpurines.

De grands palmiers entourent la gracieuse maison mauresque qui vient d'être terminée. Elle est très bien distribuée, ornée d'une véranda d'où on découvre une vue magnifique. A travers les palmes vertes, la mer étend son vêtement bleu royal, et le ciel son immensité sans nuage.

.ͯ.

En revenant, nous pénétrons dans un intérieur arabe, *gourbi* situé près du jardin.

Une femme, vêtue d'une grande robe moitié rouge moitié bleue, en arlequine, file de la laine avec dextérité. Au milieu du *gourbi*, un couffin suspendu à une corde se balance, contenant un petit marmot tout jeune qui dort bercé dans son rustique abri.

Nous quittons Hammamet, poursuivant notre route. Encore du sable, toujours du sable, dunes mouvantes où les chevaux s'enfoncent jusqu'au poitrail ; puis des terres incultes, landes désertes habitées par des tortues peu effrayées ; des cailles s'envolent, des lièvres se frisent la moustache, des perdrix trottinent sous les pieds des chevaux, jouissant du supplice de ces messieurs qui ne peuvent punir ces insolents, la chasse étant fermée et nos maris trop incorruptibles pour enfreindre la loi qu'ils sont chargés de faire respecter.

La *khangua* [1], que nous parcourons très vite, devient rocailleuse, le paysage s'accentue ; nous atteignons les monts de Djedidi, formés par une série de rochers déchiquetés, sombres comme les pierres volcaniques d'Auvergne, très pittoresques d'aspect.

Au pied d'un col est située la *zaouïa* de Sidi Djedidi, tombeau d'un marabout vénéré.

La coupole de cette *zaouïa*, d'une blancheur éclatante, est ombragée de beaux mûriers ; un petit ruisseau coule doucement, baignant un bouquet de palmiers. Des ruines romaines sont éparpillées de tous côtés ; quelques citernes assez bien conservées se découvrent au milieu des champs, parmi quelques tronçons de colonnes renversées.

Çà et là, un bouquet de lentisque pousse à travers ces rochers à configuration étrange ; de loin en loin, des pierres blanchies à la chaux éclairent le roc sombre. Ce sont les pierres sacrées, *tabou*, marquant la place où le saint marabout aimait à s'asseoir

---

[1] *Khangua* : Terrain inculte, sauvage.

en égrenant son chapelet. La plus importante est creusée en forme de grotte ; elle renferme une lampe dévotement allumée le soir en l'honneur de Sidi Djedidi.

Cette grotte est ombragée par un énorme lentisque surchargé de petits chiffons accrochés par les femmes indigènes, selon leur coutume.

Autour de ce lieu désert croissent des lavandes odorantes, des genêts d'or ; une paix profonde s'étend sur cette solitude fleurie, animée seulement par la crécelle du grillon, le vol des papillons, le bourdonnement des petits insectes, heureux de vivre.

Comme eux, assise à l'ombre du lentisque sacré, je savoure la douceur du ciel, le silence reposant, le parfum des genêts d'or, des lavandes bleues ; j'aspire l'air pur de Djedidi, si loin de la foule bruyante, si loin des banalités, des fadeurs, des mensonges...

Comme ces lavandes et ces genêts sentent bon, comme ces papillons sont jolis, comme cette retraite est calme et paisible !...

Je découvre chaque jour, à chaque heure, que je suis née pour les champs, éternellement amoureuse de grand air, de liberté, éprise de soleil, de nature, un peu « vieux jeu », je le confesse, et je demande quel est celui ou celle qui me jettera la première pierre...

Un peu de repos dans la *zaouïa*, où il fait très frais, est nécessaire à notre caravane.

Le tombeau de Sidi Djedidi est recouvert de belles étoffes d'Arabie; nous buvons quelques gorgées d'eau glacée renfermée dans la citerne, puis nous nous mettons en route pour Hammam-Djedidi, notre étape du soir.

III

PITTORESQUE CAMPEMENT — NUIT SOUS LA TENTE
CHIEN OU CHACAL ?

Les thermes de Sidi-Djedidi, fort renommés dans la région, sont situés environ à une dizaine de kilomètres de la *zaouïa*.

Au moment où nous perdons de vue le dôme blanc de la mosquée, un coursier fougueux apparait à l'horizon.

Quelle surprise ! c'est *Très-Joli* en chair et en os, lesquels sont toujours revêtus de cet habit safran, qui est tout un poëme.

Hélas ! il a quitté ses beaux gants sang de bœuf, perdant ainsi la moitié de son pittoresque. Il descend de son brillant palefroi, blanc d'écume, et nous raconte qu'il ne peut résister au désir de nous accompagner jusqu'aux bains chauds.

Très galant, ce cher *Très-Joli* !

De hautes montagnes se développent, sombres, déchiquetées, entourant de charmantes vallées, où des tapis de fleurs étendent leur gaîté à perte de vue :

plumbagos au bleu céleste, trèfles roses rampants, au délicieux parfum, embaumant cette solitude.

Un point lumineux éclaire la forêt du *djebel* Zid ; c'est la jolie *koubba* de la *zaouïa* du même nom, habitée jadis par un saint marabout, si puissant, qu'en étendant la main il dépouillait les figuiers de Barbarie de leurs cruelles épines, rendant ainsi les feuilles de cactus douces comme du velours.

Une haie de figuiers, voisine du chemin où nous conduisent les indigènes, est, en effet, dépourvue d'aiguillons, donnant raison à la légende de *Sidi-Zid*.

Comme il aurait bien fait ce saint marabout d'étendre sa main sur les rosiers, laissant ainsi dans la vie toutes les roses sans épines !

***

Toujours des monts et des monts en cône, d'origine volcanique, se resserrant en amphithéâtre aux pieds desquels se trouve Hammam-Djedidi, sources thermales à 70 degrés environ, salutaires contre les douleurs rhumatismales.

L'établissement se compose de quelques masures qui s'écroulent, laissant échapper de tous côtés les vapeurs de l'eau si sommairement emmagasinée.

De vrais trous noirs, nauséabonds, servent de bassins et de piscines aux indigènes, nous enlevant toute envie de nous baigner.

La vue de notre grande tente en poil de chameau, plantée au milieu de la broussaille, au pied des cônes volcaniques, nous ravit, car c'est le clou de notre excursion : dormir sous la tente dans cette solitaire contrée.

Une cinquantaine de tentes indigènes avoisinent la nôtre. Ce sont les campements des malades en traitement au *hammam*.

A notre arrivée, ils sont tous là, s'agitant, curieux de contempler cette fine fleur d'Occident débarquant dans leur pays.

C'est un brouhaha indescriptible : Les chiens blancs, au poil hérissé, montrant leurs crocs solides, aboient, furieux, de leur voix toujours enrouée ; les chevaux hennissent; les ânes braient ; jusqu'aux impassibles chameaux qui grognent, d'ennui ou de plaisir, je ne sais !

Elle est vraiment superbe, notre tente : grande, vaste, séparée en deux compartiments par des tentures. Nous en visitons tous les recoins, fort égayés par notre champêtre installation; puis, tout en attendant l'heure du dîner, nous allons nous promener au milieu des *bicots*, des femmes qui nous regardent, plutôt curieuses que craintives, nous dirigeant, à travers les tentes, les broussailles, vers le *mechoui* qui se dore sur la braise, fleurant bon les herbes aromatiques dont il est bourré.

Très grave, un Arabe promène sur le pauvre empalé un bâton terminé par un tampon de laine imprégné d'eau salée, ce qui rendra notre rôti succulent.

Allah ! c'est vraiment exquis !

Attelés après notre mouton, nous tirons comme des cannibales et des affamés la peau dorée, croustillante, cuite à point, et mangeons notre pauvre victime avec nos doigts, sans secours de fourchette, pour être tout à fait « couleur locale ». Nous déclarons que rien n'est comparable au *mechoui* et au *couscouss*, ces deux excellents plats nationaux.

Naturellement, nous avons invité *Très-Joli* à partager notre repas ; il est tout fier de cet honneur et, pour nous prouver sa reconnaissance, relève sa manche safran, introduit sa main tout entière dans le corps du mouton et, triomphalement, après avoir fouillé un moment, dépose dans mon assiette les deux rognons parfumés au romarin.

Je ne sais si je dois rire ou pleurer de l'aventure. Bah ! à la guerre comme à la guerre, je suis héroïque, j'avale les rognons ! Les mains de *Très-Joli* doivent être propres, puisqu'il a de si beaux gants rouges...

Il y a belle lurette que je les ai savourés les rognons du *mechoui* de Hammam-Djedidi ; en toute conscience je vous avoue que je suis prête à recommencer et même à redemander un petit supplément de ce *mechoui* idéal, au non moins idéal *Très-Joli*.

⁂

La nuit nous surprend autour de notre festin : un petit tour au clair de lune, voir dormir les lavandes et les cistes avant d'aller reposer nous-mêmes. Quelle intensité de lumière ; quel éclat rayonnant dans le ciel tiède tombant sur la terre ensommeillée ; quelles douces heures pour s'embrasser derrière les touffes de lentisques. Il n'y a pas du reste que sur la terre où s'échangent des baisers ; il paraît que dans la lune on est loin de s'ennuyer, car nous voyons très distinctement, sans secours de jumelles, le monsieur brun, barbu, embrasser la belle dame blonde.

Fi ! les vilains, cachez donc un peu vos tendresses, ne les étalez pas ainsi en face de toute une hémisphère !

Les cônes projettent des ombres épaisses rendant plus éclatants les rayons lunaires pareils à des projections électriques.

En nous enfonçant un peu plus en avant dans la montagne, charmés par la douceur exquise d'une belle nuit, nous entendons un concert étrange : glapissements des chacals, miaulements rauques de la hyène aux yeux sanglants, au regard fourbe, en quête des entrailles du malheureux mouton, l'idéal *mechoui*.

Tantôt, lorsque le silence sera complet, ils vont venir, ces nocturnes quadrupèdes, dévorer gloutonnement les restes du festin, si les chiens arabes ne réussissent pas à les épouvanter.

En effet, un vacarme affreux commence ; de notre

tente nous entendons batailler chiens, chacals en un tapage infernal ; impossible de dormir. A un moment donné, un coin de la tente se soulève, un souffle chaud passe, une ombre s'enfuit. Est-ce un chien ou un chacal ? Je pousse des cris qui réveillent Pauline et nos maris qui ne dorment que d'un œil ; le silence est rétabli, mais le sommeil ne vient pas, les chiens aboyant toujours jusqu'au petit jour qui fait rentrer les carnassiers dans leur tanière.

IV

A TRAVERS LES CRATÈRES — ZAGHOUAN QUI PLEURE SOUS LA RAMÉE DES COGNASSIERS ROSES...

Dès l'aurore, nous sommes debouts, admirant le ciel rosé. Les sombres cônes sourient, le Zaghouan baigné de cette aube transparente étincelle comme un rubis.

Une grande douceur s'étend sur la nature qui s'éveille, secouant la rosée qui irise les fleurs; peu à peu l'Orient se dore et, triomphant, le soleil apparaît.

Nous commençons l'ascension des rochers volcaniques, cratères de volcans éteints ouvrant leurs bouches béantes à moitié dissimulées sous des ronces et arbustes, par cela même fort dangereuses, ce qui nous fait marcher avec précaution.

A grand peine nous visitons quelques excavations très curieuses. Une, surtout, est vraiment admirable. C'est une grotte en quartz étincelant de mille feux, dont nous détachons quelques fragments. Une fée a sans doute élu domicile en cet asile charmant;

c'est peut-être la demeure de Titania la blonde, son lieu de rendez-vous avec les farfadets et les lutins des alentours.

La montagne est trouée de part en part, comme une vaste écumoire ; le sol tourmenté, la croûte terrestre endommagée, témoignent de nombreux soulèvements. Nous ramassons des pierres noircies par le feu, ce feu ardent qui, sans aucun doute, brûle les entrailles de notre planète, attisant les convoitises, les passions insensées, les turpitudes sans nombre des habitants du globe terrestre qui gravite dans l'infini, entraîné dans sa course vertigineuse, perdu dans l'espace insondable, semblable au grain de poussière emporté dans le tourbillon du *simoun* (1).

**

Pour arriver à Zaghouan d'assez bonne heure, nous ne devons pas trop nous attarder au milieu des anciens volcans ; aussi nous remettons-nous en selle, nous dirigeant sur notre belle montagne toute bleue à l'horizon.

La route est d'abord sauvage ; les petits bois de thuyas et de mélèzes, rachitiques, rabougris, sont dévorés par des troupeaux de chèvres qui broutent

---

(1) *Simoun* : Vent du désert.

tout ce qui est à leur portée. A gauche du chemin s'étend la grande propriété de l'*Oued Remel*, appartenant à la famille Ben Ayed, de Tunis.

Quelques ruines romaines, des landes, un peu de céréales, puis la tache blanche de la ville de Zaghouan qui s'élargit sur sa colline, au pied du formidable *Mons Zengitanus* antique.

En approchant de la petite cité, une eau abondante, claire comme du cristal, s'échappe en mille canaux, fertilisant le sol transformé en oasis verdoyante, plantureuse ; des parfums s'exhalent de beaux jardins plantés de pommiers, de poiriers, de cerisiers, de cognassiers, chargés de fleurs.

Le nom antique de Zaghouan n'a pas été retrouvé. C'est aujourd'hui une bourgade délabrée, tombant en ruines. Son seul luxe consiste dans l'abondance de ses eaux cristallines qui, depuis des siècles, restent intarissables.

Les sources de Zaghouan alimentaient la grande cité carthaginoise au moyen de l'admirable aqueduc d'Adrien, dont les vestiges sont encore debout.

Zaghouan est baignée de sa belle eau pure ; de partout elle jaillit, court, suinte, murmure, s'échappe des rochers, perle au calice des fleurs, humecte les feuilles, étincelle au soleil, fécondant la flore, parant de verdure les ruines de la petite ville ; grâce à cette eau bienfaisante les habitants sèment, cultivent et récoltent abondamment fruits et légumes. Ils se livrent aussi à la teinture écarlate des *chechias*.

On pénètre dans la ville par une porte triomphale, vestige romain assez bien conservé. Sur la clé de voûte, se trouve une sorte de tête d'animal mythologique, ornée de deux cornes. (Je note ceci sans aucune allusion malicieuse à l'adresse des habitants de ce petit *bled*). C'est la tête de Jupiter Hammon représenté sous les traits d'un bélier auquel la ville antique était vouée.

Le *khalifat* et sa suite nous font un cordial accueil et après un moment de répit nous reprenons notre promenade dans cette cité que l'abondance des eaux fait ressembler à une Madeleine éplorée.

*
* *

Il faudrait de bons sabots d'Auvergne pour circuler dans les rues tortueuses transformées en véritables canaux.

Après avoir visité de jolis jardins, des vergers luxuriants, on nous conduit aux ruines d'un temple antique que les indigènes appellent *Enchir Aïn-Casbah*, autrement dit « le Temple des Eaux ».

Cette superbe ruine se compose d'un hémicycle taillé dans le roc, entouré d'arcades. Au centre on distingue encore la place de l'autel où s'élève une colonne destinée, sans doute, à soutenir la statue protectrice de ce temple, statue disparue malheureusement. Des escaliers permettent de descendre jusqu'au bassin où les baigneurs prenaient leurs ébats dans cette source merveilleuse, qui remplissait les citernes de Carthage.

L'endroit est charmant.

Des peupliers, des trembles forment une voûte ombreuse où l'eau qui coule sans cesse entretient une délicieuse fraîcheur ; partout des arbres fleuris, des buissons odorants, des oiseaux qui chantent à perdre haleine. Un petit sentier qui va je ne sais où passe tout près ; des cognassiers pelucheux forment une haie toute rose ; je marche à l'aventure dans ce petit sentier embaumé. Une paix profonde s'étend comme un doux songe ; la terre est jonchée de pétales odorants ; il a plu des corolles de cerisiers !

Et me voilà enfoncée dans mon rêve tout fleuri !

Je construis, dans ce coin charmant, une petite maison en papier, comme au Japon ; il n'y a place que pour deux cœurs dans ma maison..... D'énormes bouquets de cognassiers forment les cloisons, un jet d'eau parfumée murmure à travers le feuillage, où se jouent des reflets lumineux, éclairant mon *home* rose d'une éternelle jeunesse, d'un éternel amour...

V

ASCENSION DU ZAGHOUAN — ADMIRABLE PANORAMA

Le lendemain de très bonne heure nous partons pour faire l'ascension du Zaghouan. Ce n'est pas une petite affaire, et il faut avoir des poumons solides pour grimper si haut, sans chemin ou si peu qu'il ne faut pas en parler.

C'est un amas grandiose de rochers jetés les uns sur les autres, un fouillis de verdure, d'arbrisseaux ; la montée est extrêmement pénible, il semble qu'on n'arrivera jamais en haut de ces pics majestueux.

Un vieux caroubier couvert de loques nous offre un moment de repos ; on appelle cet arbre marabout : *Bogua lalla Manoubia* [1] ; la sainte de ce nom, fort vénérée en Tunisie, se reposait jadis sous son ombre. Non loin de là se trouve la *zaouïa* de *Sidi bou Gobrin*, abritée dans la verdure.

Après mille peines, nous atteignons le poste optique, admirant le panorama merveilleux qui s'étend infini.

---

[1] *Bogua lalla Manoubia* : L'endroit de la noble Manoubia.

Au nord, Tunis, La Goulette, le *djebel* Reças, le Bou-Guernin dressant ses deux cornes sur l'Hammam-el-Lif ; Sidi-bou-Saïd, les grandes plaines de la Medjerdah, Porto-Farina ; au nord-est, la presqu'île du cap Bon, notre cher domaine ; à l'est, Hammamet couchée en paresseuse dans son golfe, léchée par la mer ; à l'ouest, le Kef ; au sud-est, le pic de Takroûna microscopique, tout est si petit de là-haut ! le domaine de l'Enfida, dont le nom signifie « terre heureuse », les plaines de Sousse.

Enfin, au sud, l'immensité du désert.

A l'aide d'une forte jumelle, nous distinguons un petit point noir à l'extrême horizon, c'est le minaret de la grande mosquée de Kairouan la sainte. La moitié de la Tunisie est à nos pieds, c'est un incomparable tableau.

Comme il est écrit que l'homme ne vit pas que de la parole de Dieu et de la belle nature, nous songeons avec désespoir qu'il va falloir précipiter notre descente sur Zaghouan, ayant, comme l'imprévoyante cigale, commis l'étourderie de ne rien emporter pour déjeuner. Nous avons une faim de loup, une faim féroce, qui nous donne des tremblements dans les jambes. Heureusement que la Providence nous apparaît sous les traits de deux braves soldats qui habitent le poste optique et qui nous invitent à visiter leur réduit, à partager leur repas. Dieu ! que cette omelette au lard et ces pommes de terre en ragoût étaient savoureuses à nos estomacs creux !

La descente est presque aussi pénible que la montée ; des petits cailloux roulants dégringolent sans cesse, occasionnant des chutes. On tombe, on se relève, sans grand mal heureusement.

Le lendemain, nous quittons Zaghouan, ses eaux jaillissantes, fertilisant les cerisiers, les pommiers, les aubépines fleuries.

J'y laisse en rêve ma petite maison en papier rose ensevelie sous la ramée des cognassiers duveteux, abritant mon songe radieux, baignée d'eau murmurante, bercée de chansons et de suprême tranquillité.

QUATRIÈME PARTIE

AU PAYS DU SOLEIL

I

EN ROUTE POUR KAIROUAN LA SAINTE

Je ne vous dépeins pas la route de Nabeul à Hammamet, vous la connaissez déjà, puisque vous êtes venu vous promener avec moi à Djedidi et à Zaghouan.

Nous partirons donc d'Hammamet pour faire cette longue excursion dans le Sud. Il fait chaud ! Nous sommes en été. Je tiens à vous montrer ce pays en cette saison, trouvant qu'il est plus logique de voir le Nord en hiver et le Sud en été.

Etes-vous de mon avis ?

Juin n'est du reste pas encore tout à fait l'été, et vous serez amplement dédommagé par la beauté des horizons lumineux qui vont s'étaler sous vos yeux.

Je ferai tous mes efforts pour être un aimable cicerone ; je vous conduirai à l'Enfida, dans ses alentours. Nous franchirons ensemble les murailles renfermant Kairouan la Sainte, qui n'a point de secret pour Yasmina, puisque j'ai, maintes fois, chevauché dans ses environs, rapprochés et lointains.

Je n'ai pas l'âme assez cruelle, du reste, pour vous faire monter à cheval et avaler un si grand nombre de kilomètres par ce soleil ardent. Nous ferons la course en voiture, dans un confortable landau traîné par quatre petits chevaux, ces braves chevaux arabes infatigables ! Consolez-vous, vous n'en mourrez pas ! J'ai fait bien souvent la route de Tunis à Kairouan (180 kilomètres environ), par tous les temps : des vents d'ouragan, des pluies diluviennes et des coups de *sirocco* à rôtir des cailles vivantes. Il faut vous dire que je l'adore ce souffle chaud venant des grands *bleds*, le *bled du simoun*.

Je ne vous force pas à l'aimer, il est pour la généralité une souffrance ; aussi prendrons-nous mille précautions pour vous éviter la trop forte chaleur.

En avant ! pour la contrée des mirages, des horizons étincelants ! En avant pour le pays du soleil !

II

**FONDOUK DE BIR-BOUITTA — TOUR ROMAINE
ON ARRIVE TOUJOURS ! — APHRODISIUM**

Nous trouvons de suite les hautes dunes de sable dans lesquelles Hammamet est engloutie, avant d'arriver, sur la route de Tunis à Sousse, au fondouk de Bir-Bouitta, éclatant de blancheur, ombragé par des mûriers verts.

C'est un grand caravansérail où s'abritent bêtes et gens, aux plus chaudes heures du jour.

A l'ombre, des chameaux ruminent paisiblement, grommelant lorsque le chamelier fait mine de les charger. Messieurs les dromadaires n'aiment pas cela : ils grognent maussadement.

Dieu ! qu'ils sont drôles quand ils se mettent en colère ! Quelle bouche énorme, quelles longues dents ! un vrai clavier de vieux piano ! Il y en a de toutes sortes : des grands qui bougonnent sans cesse, des moyens assez pacifiques, des tout petits, blancs, frisés, si gentils qu'on a envie de les embrasser.

Le pays du Soleil est également celui des dromadaires, vous pourrez vous en saturer la vue, et je vous assure que cela fait très bien dans le paysage.

Beaucoup d'indigènes dans le fondouk. La plupart viennent de très loin, de Sfax, Gafsa, Gabès, Tozeur, la région des Chotts : ils sont là, la tasse de *caoua* en main, dégustant ce nectar, causant ou somnolant, sans compter ni les jours, ni les heures.

Une plaine basse s'étend, triste, coupée de *khanguas* désertes ; la mer miroite à gauche, bordée de grandes lagunes, unies comme une glace.

A droite, l'horizon est borné par les montagnes de *Bou-Ficha;* un vieux pont romain est encore debout. C'est le commencement de l'immense domaine de l'*Enfidâ*.

A droite de la piste qui forme la route s'élève, majestueuse, une tour romaine. C'était sans doute un poste d'observation destiné à inspecter les alentours.

Un côté s'écroule, c'est dommage ! Le service des beaux-arts devrait conserver cet oppidum intéressant. Deux chèvres, gardées par un petit *ouled*, broutent autour des vieilles pierres, pendant que l'enfant, à demi-nu, tout bronzé, dévisage silencieusement notre caravane.

L'intendance agricole de *Bou-Ficha*, succursale du *Dar-el-Bey* de l'Enfida, s'élève dans la plaine, fertilisée de ce côté-là par des cultures. De loin, le *bordj* blanc, éclairé par le soleil, pointe dans le ciel. Les chevaux prennent un instant de repos ; puis, nous quittons la route, nous enfonçant à droite, dans un chemin impossible.

Je dis chemin : quelle erreur !

Des buissons, de l'alfa, du *dyss*, des pierres, des jujubiers épineux, des lentisques épais, des broussailles enchevêtrées, voici l'endroit où passe notre landau attelé à quatre, bondissant, roulant, cahoté. Nous sommes secoués comme des sacs de noix, et rions de bon cœur, car nous ne nous faisons aucun mal, et il n'y a aucun danger : on ne verse jamais. On arrive un peu plus tôt, un peu plus tard, mais sains et saufs ; par exemple, on part avec des harnais et on se retrouve invariablement avec des cordes, des ficelles qui tiennent à l'équipage par miracle.

Lorsque quelque chose se casse dans le harnachement, le cocher arrête sans rien dire, sans s'épater, crier, jurer. Tout tranquillement, il enlève le morceau de cuir abimé, le jette sur son siège, prend son couteau, perce un trou, passe une ficelle, fait un nœud, remonte sur la voiture : hue ! les bonnes cocottes de bêtes ! On repart à fond de train, pendant quelques kilomètres puis on recommence.

Lorsque le cocher maltais ou arabe qui vous conduit n'a plus de ficelle, il se tourne philosophiquement vers vous en disant : *Mandek chi khiet ?* [1] et vous cherchez dans vos sacs de quoi raccommoder la sellerie endommagée.

Un jour, à bout de ressources, n'ayant plus rien, ni les uns ni les autres, je fus obligée de prendre un brin de petite ficelle rose qui attachait quelques gâteaux ; cela suffit à consolider le harnais en loques. Un autre jour, un ressort indispensable à l'équilibre du carrosse cassa. Nous étions à trente ou quarante kilomètres de tout secours et nous nous apprêtions stoïquement à passer la nuit à la belle étoile sans trop fulminer, à quoi bon ? lorsque messire cocher ouvrit le caisson, prit la clef de la voiture, l'attacha, toujours avec des ficelles, consolida l'édifice et nous repartîmes bravement.

Donc, à travers la broussaille, notre voiture nous conduit à Sidi-Khalifat, où s'étendent les ruines de *Phradise* ou *Aphrodisium* dont le sol est jonché.

Au milieu de décombres, de belle verdure, fouillis d'arbrisseaux, se tient encore debout une porte triomphale, traçant sous le ciel son arc harmonieux, et toute dorée par le soleil qui, depuis des siècles, darde ses feux sur ces vieilles pierres.

---

[1] *Mandek chi khiet ?* : Tu n'as pas de fil ?

Impossible d'exprimer le charme de ce coin solitaire. Quel délicieux tableau ! La mer, à l'horizon, promène ses ondes ; les montagnes s'échancrent en indigo sur le bleu céleste du ciel ; des ruines partout ; seul, l'arc de triomphe d'*Aphrodisium* reste droit, jetant un défi au temps destructeur : le défi de l'amour vainqueur, la cité antique étant vouée à Vénus Aphrodite. Des touffes de lauriers-roses rient à travers les sombres caroubiers, tandis qu'en petit murmure, un clair ruisseau qu'alimente une source, coule doucement sous l'arcade ensoleillée de la porte triomphale, berçant de son bulbul mélodieux des milliers de lézards, tarentes, insectes qui sommeillent dans les fissures des ruines.

Deux palmiers, amoureusement penchés, mêlant leur chevelure, semblent protéger le dernier vestige de la cité vouée à Vénus, l'arc triomphant représentant à travers les siècles la splendeur d'Aphrodisium.

Sur la petite colline s'étagent les ruines du temple de Vénus Aphrodite ; de beaux morceaux de marbre sont partout éparpillés.

A côté, une *koubba* blanche : c'est le marabout de *Sidi Khalifat*.

Nous laissons derrière nous, dans les montagnes, les petits villages pittoresques de *Djeradou* et d'*Hammam-Zeriba*, les ruines de *Battaria*, pour reprendre la route de l'*Enfidâ*.

III

NOCE D'ARABE DES TENTES — FANTASIA. — L'ENFIDA

Au bout de quelques kilomètres, une caravane s'avance. Mais non, ce n'est pas une caravane. *Allah !* c'est une noce d'Arabe des tentes.(1) qui chemine. Quelle bonne aubaine !

En effet, voici le cortège qui arrive.

Il se compose d'un goum de brillants cavaliers sur de fringants chevaux bien harnachés ; de belles mules, où, bien encapuchonnées, sont de mystérieuses *mouquères* accompagnant la jeune *aroûssa*, assise sur un chameau que surmonte un palanquin, vraie cage à poulets, drapé de belles étoffes chatoyantes qui flamboient au soleil. Sous le palanquin, aux rideaux hermétiquement clos, se tient, bien cachée, la jeune fiancée que sa famille et ses amis conduisent à la tente de son futur époux.

Des ânes complètent le tableau ; ils sont porteurs

---

(1) Les Arabes des tentes, c'est-à-dire les nomades proprement dits.

du trousseau, des *debech* (1) de l'*aroüssa*; les uns sont chargés de coffres verts, rouges, dorés, avec des peintures grossières d'oiseaux, de fleurs, de poissons, éclatants, criards, superbes au soleil; les autres portent des coussins de couleur voyante, de forme longue, galonnés d'or, des *frechias*, *bottanias* (2) où le rouge domine.

A notre approche, pour nous faire honneur, les cavaliers se livrent à une fantasia brillante. Leurs montures, écumantes, rasent le sol; le sang coule de leurs flancs et de leur bouche, meurtris par ces instruments de torture : les étriers et le mors.

Les cavaliers s'animent, se contorsionnent, tirent des coups de tromblons, de *moukahlas* (3), pendant que les chevaux en délire fendent l'air, dans des tourbillons de poussière.

Les femmes poussent des *you-you* stridents. Seul, le chameau, impassible, regarde de son œil morne, portant l'*aroüssa* immobile. Un vrai décor en pleine solitude : ces fougueux coursiers, brillamment caparaçonnés, ces armes, ces étoffes, ce chameau majestueux, ce palanquin éclatant, ces coffres étincelants au soleil. Quelle jolie toile on ferait, si tout ce monde voulait rester immobile et si le soleil était moins ardent!

Ils disparaissent tous dans la poudre d'or qui enlu-

---

(1) *Debech* : Vêtements.
(2) *Bottanias* : Couverture en laine.
(3) *Moukahla* : Fusil.

mine l'horizon, dans leur sillage flamboyant, pendant que notre landau roule toujours sur la piste, traîné par les braves chevaux courageux. A droite, un beau bassin antique qu'alimente une eau de source. C'est *Aïn-Hallouf* (la Source du Sanglier).

Nous voyons successivement, un petit village sicilien fondé par la Société de l'Enfidâ qui ne réussit qu'à moitié, je crois ; puis, près de la mer, une intendance, grand *bordj*, vrai bastion fortifié comme au moyen-âge : c'est *El-Kley*.

*

A force de rouler, nous arrivons.

Devant nous, s'étend un vrai village. C'est l'*Enfidâ* : le siège de ce domaine de 120.000 hectares, royal cadeau de Mohamed Saddok au général Kherredine qui vendit son immense propriété à la Société Marseillaise, laquelle, sous le nom de Société Franco-Africaine, devint propriétaire, ainsi que des haras du comte de Sancy, situés à Sidi-Tabet, dans la plaine de la Medjerdâh.

Sur une maison à étage, construite à l'européenne se dresse le drapeau tricolore. Je vous jure que le cœur fait tic-tac en saluant nos « trois couleurs » si loin de notre France, dans le désert.

Désert n'est pas le mot, car c'est un centre fort

important qu'Enfidaville, jadis appellé *Dar-el-Bey*, aujourd'hui une véritable cité. Outre les pavillons du nombreux personnel, beaucoup de maisons ouvrières, l'école, la poste, le télégraphe, et sur une jolie petite place plantée d'eucalyptus, une église profilant sa croix mince dans le ciel.

Des chais importants sont construits, car on a planté au moins 200 hectares de vigne. Un vaste potager, copieusement arrosé, fournit de bons légumes aux habitants que je ne plains vraiment pas, malgré l'éloignement.

Nous sommes cordialement reçus par M. Coyteaux, directeur, et par sa femme, qui sont l'un et l'autre hospitaliers, affables au possible. On est assuré de trouver auprès d'eux bon visage, bonne table, bon lit, ce qui est fort précieux lorsqu'on sort du désert pour y retomber le lendemain. C'est une halte fort douce au voyageur. Aussi, quel repos bienfaisant, le soir, sur la terrasse de Dar-el-Bey ! J'en conserve toujours le charmant souvenir.

A propos de souvenirs, il en est un, entre tous, que je vais vous conter ; comme croquis, il ne déparera pas ces quelques notes écrites à la diable, en amusette. Il est si bien gravé dans ma mémoire que je vous en fais fidèlement le récit.

IV

HISTOIRE INCROYABLE MAIS POURTANT VÉRIDIQUE DE SI AHMED — CHAIR NOIRE

C'était en 188..., j'étais pour quelques jours à l'Enfida, au printemps, respirant à pleins poumons l'air pur des champs : une cure d'air ! La cloche du déjeuner sonnait le dernier coup ; j'entre dans la salle à manger où chacun arrive, échangeant un cordial bonjour. Mes regards se portent de suite sur un hôte nouveau. C'est un homme de haute stature, habillé d'une grande lévite blanche, coiffé de la rouge *chechia*, entourée d'un turban blanc. Si ce n'était le turban, je l'aurais pris de suite pour un père blanc du cardinal Lavigerie, mais il a au cou, en collier, le chapelet des mahométans ; c'est donc un musulman. Mon voisin n'a pourtant ni la tête, ni les manières d'un Arabe. Il a le visage allongé, les yeux bleus, spirituels ; le teint bruni mais non bronzé des fils de l'Islam ; sa barbe châtain, semée de fils d'argent, est fort soignée, ainsi que ses mains ; les rides et meurtrissures du visage accusent la cinquantaine.

Il me salue profondément pendant que le maitre de céans fait la présentation :

— Madame, je vous présente Si Ahmed.

Bon, c'est un musulman.

Si Ahmed, s'inclinant, me dit en pur français :

— Veuillez accepter tous mes respects, madame.

Quel accent parisien ; quelle physionomie fine ! Non ! décidément ce n'est pas un Arabe ! Et pourtant, que signifie ce travestissement, nous ne sommes pas en carnaval !

Je suis perplexe ; du coin de l'œil, j'observe mon voisin qui est loin de manger avec ses doigts quoiqu'il ne boive que de l'eau. En voilà une énigme ! C'est pire que la question romaine, d'autant plus qu'ils sourient tous à table, égayés de ma stupéfaction. Décidément, ils se payent ma tête ! nous jouons aux devinettes, Si Ahmed est l'X et je suis chargée de trouver la solution du problème.

Voilà mon X qui, poliment, se met à causer, et plus il cause, plus je suis renversée de la manière dont s'exprime ce pseudo-arabe. On effleure tout : littérature, musique. Si Ahmed déclare qu'il adore Chopin, que les chants de ce grand homme lui vont à l'âme.

N'y tenant plus, je m'écrie, lasse de chercher :

— Me direz-vous enfin la clef du mystère ? Je vous avoue que je donne ma langue au chat !

Le déjeuner achevé, on se lève de table. Si Ahmed m'offre son bras (s'il vous plaît !) et me dit :

— Je parais vous intéresser, madame, voulez-vous que je vous raconte mon histoire ?

— Si je veux ? Je crois bien, car je flaire quelque chose de peu ordinaire.

J'avais bien flairé.

Ecoutez plutôt·

C'était bien, en effet, un pur Français que Si Ahmed. Natif de Rouen, fils de très riches parents, après avoir terminé brillamment ses études et dépensé pas mal de papiers bleus, Monsieur X... se sentit envahir par un besoin ardent d'études théologiques. Il passait des jours entiers à bouquiner, étudier, comparer, désirant rassasier son imagination ardente, cette folle du logis où grandissait chaque jour une araignée gigantesque. Son âme, pleine d'aspirations, était insatiable ; à mesure qu'il la cherchait, la vérité le fuyait, le plongeant dans les ténèbres du doute qui effondraient ses croyances. Aucun dogme n'arrivait à affermir sa foi hésitante. Un beau jour, fatigué de chercher, il s'embarque pour l'Amérique, à la poursuite de l'inconnu, cet idéal qu'il rêve : la voie à suivre.

Au Nouveau-Monde, il va chez les Mormons, étudie leurs croyances, leurs mœurs, prend dix grammaires vivantes afin de pénétrer les beautés de la langue. Ses dix mormonnes finissent par l'ennuyer, ainsi que les usages, les coutumes, la religion du peuple qu'il fréquente.

Toujours en quête d'idéal, il s'embarque pour l'Angleterre, essaie du protestantisme. Il devient austère, affecte des airs sentencieux de clergyman. Vêtu d'une longue redingote noire, on le voyait marchant automatiquement à travers les brouillards de la Tamise, circulant comme le père de Miss Helyett, l'éternelle bible sous le bras.

Hélas ! l'araignée continuait sa trame dans le cerveau à imagination incohérente du futur Si Ahmed.

Ennuyé, inconsolé, il jette aux ronces du chemin sa houppelande bourrée de petites feuilles salutistes destinées à prosélyter les âmes égarées dans le sentier de l'erreur, et, la bible au fond d'une valise, cette âme incomprise se dirige sur la Trappe, où il entre en incrédule converti.

Là, pendant quelque temps, il donne l'exemple de toutes les vertus. Il jeûne, psalmodie, tue la chair de ses révoltes et l'esprit de ses contradictions ; armé d'une bêche il creuse sa tombe en répétant : « Frère ! il faut mourir ! »

Mais un beau matin, tandis que le soleil se lève sur la cîme des arbres où piaillent en se becquetant des pinsons et des mésanges, notre nouveau néophyte trouve que le printemps radieux sent bon les roses, que la nature frissonne, caressante, et qu'il vaut mieux chanter sa vie que de pleurer sa fin anticipée.

Il dépose la bure, dit adieu au monastère qui

referme derrière lui sa porte massive. Sa santé est un peu altérée par les privations qu'il s'est imposées ; il part pour Paris se retremper dans le monde qu'il fréquente assidûment.

On ne voit que lui, sur le boulevard, au théâtre, au Bois, partout. Mais sa tarentule le pique toujours, si bien qu'il disparait un jour, et ses amis ébahis apprennent qu'il est novice à la Grande-Chartreuse, où il émerveille les pères par ses études et sa vie contemplative. Un moment, il croit tenir son idéal ; il est persuadé que c'est sa voie ; il persiste quelques mois, puis, asticoté par sa diablesse d'inconstance, le voilà parti pour Nice, où de chrysalide lugubre il se transforme en beau papillon. Il veille, il soupe, il flirte avec l'élément cosmopolite ; il va jouer à Monaco. La roulette lui est funeste, la dame de pique lui fait tant d'infidélités qu'il s'embarque pour le Bosphore, espérant trouver sa voie à Constantinople.

Là, il fréquente assidûment les Turcs, les almées, odalisques d'occasion, tout en étudiant le Koran, qui lui parait merveilleux. Il se lie d'amitié avec un musulman érudit qui l'initie aux beautés de la doctrine de Mahomet et l'engage à se rendre au Caire conférer avec un docte marabout qui achèvera sa conversion, lui permettant d'atteindre sa voie, cet idéal qui le consume.

Il arrive au Caire, écoute les sages conseils du saint marabout, se plonge jusqu'au cou dans les études de l'islamisme. Pour se mieux pénétrer de la beauté des versets sacrés, il endosse la *gandourâh*, ceint son front du turban, et après avoir visité les ruines de Memphis et lu pas mal d'hiéroglyphes, il meurt du désir de connaitre Tunis. Il a rêvé, une nuit, sous le ciel étoilé égyptien, que Tunis est la terre promise, la halte définitive !

Avec son éternelle valise, allégée de la Bible que remplace le Koran, le voilà en rade de La Goulette. Il est émerveillé de la splendeur du golfe ; Tunis la blanche, la belle, l'attire comme une ondine au fond de son lac.

C'en est fait ! Il se sent mahométan dans l'âme. C'est bien la réalité du rêve ! Il fréquente les écoles, les mosquées, les cafés, les lieux exclusivement composés d'indigènes. Il s'habille comme eux, apprend la langue, les prières, étudie par cœur le Koran dont la religion lui semble être tout ce qu'il y a de plus parfait, de plus complet, de plus assimilable à sa nature.

Elhamdoullah ! Il a trouvé sa voie ! De grand cœur, il se fait musulman.

Ce n'est plus le roumi noceur, c'est un musulman convaincu, c'est Si Ahmed !

— Oui, me dit Si Ahmed, je suis musulman, l'esclave du Koran. L'avez-vous lu ? Quelle belle doctrine ! Quels beaux préceptes ! Oui ! je suis dans la vérité, mon âme est satisfaite, j'ai trouvé ma voie, j'ai atteint mon idéal !

Et en disant ces invraisemblances, sa belle tête intelligente rayonnait, et je ne pouvais me lasser de sonder le mystère que renferme le cœur humain, le comble de folie et d'aberration où était tombée cette intelligence dévoyée. Je ne pus m'empêcher de dire à mi-voix : Quel dommage !

— Comment ! madame, s'écria Si Ahmed, vous ne me croyez pas heureux ? Détrompez-vous ! Je suis au comble de mes vœux et je ne désire plus rien. Sous mon burnous bat encore un cœur français.

Me voyant sourire incrédule, il s'anime et me dit :

— Vous ne voulez pas me croire ? et bien, écoutez ce que j'ai fait : « C'est grâce à moi que nos soldats, au moment de l'occupation, sont entrés dans Kairouan sans coup férir. Oui : un jour, j'étais seul dans la grande mosquée, j'ai pris un vieux manuscrit et, fort habilement, j'ai ajouté un texte aux versets sacrés, lequel texte était ainsi conçu : « A telle année, à « telle heure, les Français entreront dans Kairouan ; « ouvrez les portes, c'est la volonté d'*Allah !* » Et voilà comment, croyant obéir aux volontés divines, les musulmans ont cédé à mon inspiration. » (*Authentique.*)

Et il resta plongé dans une grande mélancolie ; puis il ajouta :

— Demain, je quitterai l'Enfidâ pour retourner chez moi.

— Où habitez-vous, Si Ahmed ?

— A quarante kilomètres de Kairouan, madame, un endroit fort désert, privé de tout, et où je vis solitaire. Une confrérie religieuse m'a autorisé à vivre dans une *zaouïa* dont j'entretiens le marabout. Chaque année, à la fête du saint qui est enterré dans la mosquée, des indigènes viennent en pèlerinage. Ils tuent des boucs, des chèvres, dont ils mangent la chair, me laissant, en offrande, les peaux, que je vends aux tanneurs de Kairouan et dont la minime somme suffit à mon entretien. Je n'ai plus de besoins, je mange du *couscouss*, je bois de l'eau de la source qui coule au pied de la *zaouïa*. Un gros lentisque abrite le ruisseau où je reste des journées entières en tête à tête avec le Koran ou à regarder au ciel fuir les nuages vers le monde civilisé que je ne regrette pas. Mon mobilier se compose d'une natte sur laquelle je dors comme un sage ou un fou à votre choix.

— Et vous vivez tout seul en ce désert, Si Ahmed ? lui demandai-je en le regardant dans les yeux.

Il rougit faiblement, et dit avec une légère hésitation :

— Non... j'ai, avec moi, une négresse qui fait le *couscouss* et raccommode mon burnous !...

Allah ! Allah ! l'idéal de Si Ahmed était donc la femme noire !

Malgré sa folie, car j'ai toujours pensé que Si Ahmed aurait eu grand besoin de se guérir à l'aide d'éllébore, notre conversation dura fort tard, effleura tout sans rien approfondir. C'était un abîme insondable que la vie de cet homme !

Le lendemain, comme il l'avait annoncé, Si Ahmed nous fit ses adieux.

Au moment de nous quitter, il me tendit la main ; je lui glissai une petite médaille de Notre-Dame de la Garde, en lui disant :

— Portez cette médaille en souvenir de notre rencontre, elle vous protègera.

Il fit oui de la tête, très ému, puis enfourcha son petit âne gris qui l'emporta au désert.

Longtemps, je suivis des yeux sa silhouette blanche, qui disparut comme un mirage dans l'énorme plaine dévorée de soleil.

Avais-je rêvé ? Etait-il bien possible qu'il y eût par le monde des êtres intelligents aussi déséquilibrés, rongés d'un mal incurable ? J'étais attristée, transie jusqu'au fond de l'âme de cette existence manquée, de cette vie perdue. L'image de Si Ahmed au fond de son désert, en face de sa négresse, livré à lui-même, m'obsédait.

Chaque fois que j'en avais occasion, je demandais :

— Et Si Ahmed ? Que devient-il ?

Un jour, on me répondit :

— Ah ! Si Ahmed est mort !

Et, tout bas, on ajouta :

— Vous savez, on dit qu'il a été empoisonné par sa négresse, dans la *zaouïa* où il était retiré. Il paraît que les musulmans ont eu vent de l'histoire du manuscrit de la grande mosquée de Kairouan, et que la négresse a été l'instrument de leur vengeance.

Je restai terrifiée de la fin de cet homme étrange, ne pouvant m'ôter des yeux ce lugubre tableau : Si Ahmed rigide sur sa natte, au fin fond du désert, près de la noire Fathma au sourire hideux.

V

EXCURSION A TAKROUNA — PAUVRE KHEÏRA ! VISITE AUX DOLMENS

Une excursion à *Takroûna* est indispensable lorsqu'on est à l'Enfidâ.

Imaginez-vous un rocher piqué au milieu de la plaine, sur lequel est perché un village berbère. Rocher et village, d'un fort pittoresque effet, constituent une jolie promenade, quelques kilomètres seulement, séparant *Takroûna* de *Dar-el-Bey*.

Au pied du pic, se trouve un puits romain où des femmes, vêtues de cotonnade bleue, puisent de l'eau, en remplissent des peaux de bouc qu'elles hissent en bêtes de somme jusqu'au villlage qui est bien à 300 mètres d'altitude.

Takroûna est privé d'eau, ce qui force ces malheureuses à la transporter si péniblement jusqu'à leurs demeures.

La montée est rocailleuse, pénible, à travers le rocher où un petit sentier festonne au milieu des cactus de Barbarie qui hérissent leurs raquettes épineuses où luisent des fleurs jaunes orangées.

Il y a, sur ce rocher, des agglomérations de coquillages roses lui donnant des teintes exquises.

Enfin, tout essouflés, nous voilà au sommet du pic, dans le misérable petit village dont les habitants, au nombre de 600 environ, vivent comme des arapèdes, accrochés à leur rocher.

Leur commerce consiste en des ouvrages d'alfa, nattes, couffins, éventails pour souffler le feu, tapis de prières.

Nous pénétrons dans un intérieur où des femmes tissent des joncs et de l'alfa. Elles ont l'air hébété et le sont en réalité. Pourtant, une d'elles, la plus jeune, qui s'appelle *Khetra*, entame la conversation. Elle est née à *Takroûna* et ne connait rien autre chose. Elle dit avoir bien envie de connaître Kairouan la Sainte, surtout Tunis. Oh ! Tunis ! que cela doit être beau ! On voit que c'est pour elle le pays des rêves ! Tristement elle dit :

— Je sais bien que je ne connaîtrai jamais Tunis ; c'est loin, et on ne voudra jamais m'y conduire.

Elle nous accompagne jusqu'à la porte et, avec un gros soupir, nous dit :

— *Beslema !* (1)

La porte se referme sur cette pauvre *Khetra*, continuant ainsi sa vie de zoophyte.

***

---

(1) *Beslema* : Avec le salut, c'est-à-dire adieu.

Nous ne pouvons nous lasser d'admirer la splendeur de l'horizon empourpré, la variété des teintes qui s'étendent sur le ciel comme des coups de pinceaux magiques. La terre verte s'incendie, des lueurs de braise enflamment le pays entier, baigné de feux étincelants.

La mer s'irise, la brise emporte des ramiers au vol rapide roucoulant sous le ciel, rejoignant leur nid caché dans les infractuosités du roc.

Là sont leurs petits, sous le duvet de la mère; là ils vont dormir en une quiétude complète, la tête sous l'aile, bercés par le vent du soir qui passe à travers les figuiers épineux constellés d'étoiles jaunes fleuries.

Non! laissez vos fusils en bandoulière ; ne tuez pas ces oiseaux. Pourquoi troubler leur vie heureuse? Ne détruisons rien en cette admirable nature. Epargnons, en marchant, ces fourmis travailleuses qui rentrent au logis chargées de butin.

Entendez-vous ce grillon qui crécelle sous ces feuilles ? Il chante sa joie de vivre : n'y touchons pas! Laissons en paix les insectes dans leur trou, les graminées que la brise tiède balance, les fleurs qui vont s'endormir sous les étoiles pour se réveiller à l'aurore de demain, baignées de rosée, vivifiées de lumière. Prenons garde en marchant d'écraser leur fragile beauté!

Il fait si bon vivre sous ce beau ciel où les rayons du couchant empourprent la terre radieuse, bercée par le calme du soir ! S'il est de durs moments, il en est de bien doux !

En ces heures sereines, contemplatifs des merveilles qui vous entourent, ne sentez-vous pas combien le cœur se réchauffe, s'adoucit ? Une miséricorde intense envahit l'âme. Une douceur infinie s'infiltre dans l'être par tous les pores. L'éther pur vous environne, vous imprégnant de bonnes et douces sensations : un désir irrésistible d'être heureux, de semer du bonheur autour de vous, comme on sème des fleurs !

**

A quelques kilomètres de Dar-el-Bey se trouvent de très curieux amoncellements de dolmens recouvrant à perte de vue une grande surface de terrain.

De grandes pierres gisent, formant des maisons, des tables, des autels, des tombeaux. C'est une longue suite de monuments mégalithiques : des menhirs, des cromlechs, des dolmens, des allées couvertes, des tumuli.

On erre des heures entières dans ces vastes dédales, l'esprit torturé du désir de pénétrer le passé, les siècles amoncelés comme les pierres.

La colonne barbare qui a passé par là devait être immense, les tumuli l'attestent. Que de sacrifices ont été offerts aux Dieux ! Si les dolmens pouvaient parler !

Ceux qui ont foulé cette terre étaient-ils des peuples préhistoriques ? ou bien des hordes de Ligures, d'Ibères, de Celtes ou les Gaulois nos ancêtres, au moment où cette race énergique, poussée vers le sud de la Gaule, pénétra en Espagne et en Afrique en cohorte barbare !

On se plaît à évoquer l'image des valeureux Gaulois à la blonde chevelure, aux yeux couleur du ciel, à l'humeur belliqueuse, amoureux d'aventures.

Au milieu des dolmens pousse une végétation admirable ; la terre est fleurie de guimauves roses à grande corolle ; les mauves atteignent la hauteur d'arbrisseaux sur cette terre, vierge de civilisation, arrosée du sang des sacrifices humains en l'honneur du terrible Teutatès.

Nous visitons également la petite ville d'*Hergla* sur la mer.

Les habitants tressent de l'alfa en jolies nattes ; ils font également le commerce de l'huile, grâce aux oliviers répandus dans tout ce riche *Sahel*.

VI

LE DÉSERT — MIRAGES — BÊTES HUMAINES SOUS LE SOLEIL

De bon matin, nous quittons le Dar-el-Bey hospitalier d'Enfidaville, nous dirigeant sur Kairouan.

Une grande plaine, nue, déserte, s'étend, interminable, alternant avec des *oued* desséchées. C'est le désert; plus d'eau, plus de végétation, plus d'ombre. Çà et là, un saxifrage lilas, un pied d'alouette, une triste scabieuse, quelques tiges de chicorée bleue, seuls végétaux résistant à l'ardeur du soleil qui flamboie, implacable, ouvrant des lézardes sur la terre expirante de soif. L'atmosphère frissonne d'une buée miroitante comme une gaze légère.

**

Des mamelons nus succèdent à d'autres mamelons, et toujours l'espace devant soi, l'espace où l'or poudroie, l'espace aride, baigné de rayons fulgurants, l'espace peuplé de mirages qui étendent leur fantasmagorie !

Très distinctement se déploie une ville aux blancs minarets : mirage ! Un peu plus loin, une maison blanche perdue dans de grands bois ; un lac entoure l'habitation qui se reflète dans l'eau : mirage ! Au bout de quelques kilomètres, plus rien ; la maison s'évanouit ainsi que les bois, le lac. Ce ne sont pas des peupliers verts, des chênes épais, ce sont des chameaux. Oui, des chameaux qui broutent la terre, par centaines, faisant appel à leur légendaire frugalité !

De loin en loin des caravanes passent, chameliers, âniers, conduisant leurs bêtes chargées de citrons, piments, poteries de Nabeul, sans se presser, sans redouter l'ardeur du jour, sans s'étonner de rien.

Un campement déménage. Deux ânes, atrocement maigres, emportent toute la maisonnée.

L'un est chargé de la tente, des piquets, de la peau de bouc ; l'autre est porteur de deux marmots noirs, dégoûtants ; un jeune chevreau crie désespérément sur maître Aliboron qui ne paraît pas ému pour si peu. Il porte également les ustensiles de la maison :

un *keskess*⁽¹⁾ un pot en terre, un grand plat en bois, un tamis.

Sur la maigre croupe des ânes sont pendus quelques poulets étiques, accrochés par les pattes atrocement serrées d'une loque, la tête pendante, le bec démesurément ouvert, la crête congestionnée. Le propriétaire, malheureux *khamès*, suit ses bêtes, caressant énergiquement de sa matraque la pauvre échine des bourricots. La femme, jaune, tatouée, ridée, tout juste vêtue, un enfant sur le dos, suit le convoi, escortée de deux chiens blancs maigres, hargneux.

Une grande fille aux dents de louve, aux yeux luisants, traîne une chèvre bêlante. Elle coule un regard de braise sur notre landau. Sur un appel injurieux de son père, elle continue son chemin, non sans retourner la tête, curieuse et désobéissante.

Où vont-ils ainsi, les uns traînant les autres, bêtes humaines, sous le soleil qui dessèche la terre, avec les quatre piquets de leur tente et leur pauvreté loqueteuse ? *And Rebbi !* Dieu le sait ! Et les voilà disparus à l'horizon, suivant leur destinée : *Mektoub Rebbi* : Dieu l'a écrit !

---

(1) *Keskess* : Récipient troué en forme de passoire servant à cuire le couscous.

VII

UN MABOUL — O TEMPORA O MORES — KAIROUAN LA SAINTE

Nous avons déjà fait environ 40 kilomètres. Au loin, sous l'horizon clair, un point noir troue le ciel : c'est le minaret de la Grande Mosquée. Sommes-nous donc bientôt arrivés ? Erreur ! nous avons bien encore à peu près une dizaine de lieues à parcourir dans des nuages de poussière !

Une bande rocheuse coupe la route unie d'une raie brune : c'est la région des rochers appelés *souathirs*, que nous longeons un moment pour retomber dans l'immense plaine, ayant pour objectif l'éternel minaret qui semble reculer à mesure que nous avançons. Une brise un peu fraîche semble s'élever du lac *Kelbia* (lac de la Chienne), étendue énorme d'eau salée, peuplée d'oiseaux. C'est le Triton antique étudié spécialement par le docteur Rouire.

Les pauvres chevaux ont grand besoin de souffler un moment ; heureusement que nous voici à *Bir-Krarette* [1]. Quelques *gourbis* délabrés s'élèvent dans

---

[1] *Bir-Krarette* : Puits des Charettes.

la plaine, à côté d'un puits, formant une halte aux voitures, surtout aux *arabas* (1), qui voyagent entre Tunis et Kairouan.

Nous descendons du landau où nous commencions à prendre racine, pour nous abriter tant bien que mal dans un petit café maure fort misérable, en compagnie de quelques indigènes et de beaucoup de puces dévorantes, affamées.

Un Arabe joue sur un roseau un air monotone qui traîne sa mélopée sur deux ou trois notes, toujours les mêmes. Il paraît que cette mélodie plaît aux auditeurs étendus ou accroupis, car ils écoutent attentifs.

Deux musulmans, dans un coin, jouent aux dés avec acharnement, tandis qu'un fidèle croyant tourne dans ses doigts les grains de son chapelet qu'il égrène avec une rapidité vertigineuse en roulant des yeux égarés. On nous dit qu'il est un peu *maboul* (2) parce qu'il désirait extrêmement faire le voyage de La Mecque, et qu'il n'a jamais pu réunir la somme nécessaire. Il en est à sa septième visite à Kairouan, ce qui équivaut à un pèlerinage à La Mecque, par conséquent il va pouvoir faire précéder son nom du titre de *hadj* (3).

Cela lui rendra-t-il la raison qu'il paraît singu-

---

(1) *Araba* : Voiture à deux roues, servant au transport des marchandises.

(2) *Maboul* : Fou.

(3) *Hadj* : Pèlerin (titre de noblesse attribué à tout musulman ayant été à La Mecque).

lièrement avoir laissée en chemin dans la grande plaine ? C'est une affaire entre le prophète et lui.

En attendant, il continue, sans se lasser, son marmottage guttural, tout en roulant les grains bruns de son chapelet.

※

Un peu d'eau de *Bir-Krarette* a rafraîchi les chevaux; en route pour Kairouan la Sainte ! Décidément le minaret de la Grande Mosquée n'est point un mythe.

Il grossit à vue d'œil et après un petit mamelon la Sainte Cité apparait à nos yeux dans son apothéose blanche, avec ses *koubbas* rondes, ses minarets crénelés, ses terrasses étagées, rosée des lueurs du couchant qui s'empourpre.

Avant d'arriver sur la colline, plantée de maigres cactus, se trouve une maison nommée *Dar el Amâne* [1].

Avant l'occupation française, c'était la demeure d'un percepteur d'impôts sur les marchandises que les Juifs apportaient jusque là, et où se faisaient leurs transactions avec les indigènes.

Les Juifs, dans ce temps-là, ne pouvaient pénétrer dans la ville sainte ; celui qui en aurait franchi les murailles aurait été impitoyablement massacré.

---

[1] *Dar el Amâne* : Maison du pardon.

A la suite de nos soldats, se faisant tout humble, tout petit, tout microscopique, rampant comme un ver de terre, Israël se faufila.

Etant très prolifique, chacun sait cela, Israël fit rapidement souche et commença son petit négoce. *O tempora ! ô mores !*

Je dois dire, à la louange de la ville sainte, que les Juifs n'abondent pas dans son sein. L'accès de la Grande Mosquée leur est rigoureusement interdit, et il leur est impossible d'en franchir la grande porte.

La métropole du culte élève sa forêt de minarets, ses coupoles arrondies, sous son ciel merveilleux, au milieu de la nature désolée, morne, privée de toute végétation.

Il n'y a même pas de pierres sur le sol. Aussi Kairouan est-elle construite en petites briques.

L'horizon forme un cadre infini, ajoutant à la grandeur du panorama immense. Pourtant on distingue un point lointain, vers le centre de la plaine : c'est le *djebel* Trozza ; puis, à droite, une ligne bleutée en fin pastel : ce sont les montagnes de Cherichera, dont la bonne eau canalisée arrive à Kairouan, remplit les deux grands bassins récemment restaurés, appelés : « Bassins des Aglabites », vastes réservoirs où s'emmagasinent environ 100,000 mètres cubes d'eau.

C'est là, le soir, après une journée torride, que les musulmans viennent prendre le frais et *respirer l'eau*, à défaut d'air.

La légende raconte que jadis habitait à Kairouan un sultan très puissant, possédant de grands trésors, et des centaines de femmes belles comme le jour, les blanches ; sombres comme la nuit, les noires.

Avant le coucher du soleil, ce sultan, dont je ne connais pas le nom, se rendait au bassin des Aglabites et s'étendait sur la grande vasque qui s'élève encore de nos jours au centre de l'eau.

Sur cette vasque, ornée de riches draperies, se dressait un sopha moelleux recouvert d'un baldaquin somptueux, où s'allongeait paresseusement cet ennemi de la doctrine de Platon.

De noirs eunuques conduisaient ce nombreux harem, et sous les yeux du maure voluptueux se déroulait le tableau de centaines d'ondines, qui, en nymphes gracieuses, prenaient leurs ébats nautiques sous le regard du sultan leur maître, faisant jaillir des gouttelettes rafraîchissantes sur la pourpre et l'or où se prélassait le seigneur de ces lieux.

De vastes cimetières étendent leurs pierres blanchies tout autour de la ville sainte, augmentant l'indicible tristesse de cette plaine désolée.

Deux *oueds* importantes, rivières de sable l'été, torrents impétueux l'hiver, coulent dans la plaine, inondant, au moment des pluies, le pays entier, emportant tout sur leur passage, dans le tourbillon de leurs eaux jaunâtres et mugissantes.

Ce sont l'*oued* Merguellil et l'*oued* Zeroud.

Ainsi inondée, Kairouan transformée en île, reste

souvent privée pendant plusieurs jours de communications, le petit Decauville ne pouvant plus fonctionner du côté de Sousse.

C'est le sort de la sainte cité : submergée en hiver ; calcinée, rôtie par le soleil d'été, la proie des contrastes violents !

Et les coups de *sirocco* qui s'élèvent dans la plaine nue, stérile, noyée dans les tourbillons du *simoun* ? Il semble alors qu'une grande fournaise brûle le pays ; tout ce que l'on sent, touche, paraît embrasé ; les métaux sont chauds, ainsi que le bois, les étoffes ; une poussière impalpable balayée par le terrible *chili*(1), pénètre, s'infiltre partout. La terre n'est plus grise, le ciel n'est plus bleu, le soleil n'est plus d'or, la ville perd son blanc éclatant ; toute la nature se noie, se confond dans une même teinte que l'ouragan enflammé apporte sur son aile, étendant un grand voile de vapeurs frémissantes, unissant les éléments surchauffés, ciel et terre en fusion, haletants en une température de chaudière.

---

(1) *Chili* : Vent du Sud, synonyme de *simoun*.

VIII

LÉGENDE DE SIDI OKBA — ÉCLATANTE AQUARELLE
LES SOUKS

Ce fut, dit-on, Sidi Okba le fondateur de Kairouan.

La plaine était alors (toujours selon la légende), un vaste marécage où s'élevait une énorme forêt peuplée de bêtes féroces.

Les compagnons du saint fondateur lui firent remarquer que le lieu était mal choisi pour édifier une grande cité.

Sidi Okba les réprimanda de leur manque de confiance, et pour leur prouver la puissance divine, il étendit la main vers la forêt. A son geste, les terribles fauves apparurent, vinrent se coucher à ses pieds, puis sur un signe de Sidi Okba quittèrent la forêt, disparaissant à l'horizon, emmenant tous leurs petits.

Ensuite, il détruisit les bois. A sa voix, les arbres se réduisaient en cendre. Sidi Okba se tourna alors du côté des *souathirs* dont les rochers vinrent tout seuls former les fondations des maisons. Il étendit son bras puissant vers les ruines de Suffetula (Sbitla) ; les colonnes, les châpiteaux corinthiens se mirent en marche, se rangeant à sa voix, ornant la Sainte Cité de piliers de porphyre, de châpiteaux superbement fouillés, de colonnettes du plus pur art antique. Des dômes, des minarets s'élevaient comme par enchantement sous le regard inspiré d'Okba le Conquérant.

Ainsi que l'Eternel, le très puissant Jéhova, Okba contempla son ouvrage et fut satisfait.

C'était bien la fidèle reproduction de La Mecque, Kairouan la Sainte, assise dans son aridité, dominant le désert, hérissée de mosquées, entourée de grosses murailles flanquées de tours rondes, ceinture inexpugnable, inaccessible à tout infidèle.

Le soleil se leva triomphant, en glorieuse apothéose, sur les 180 mosquées et *zaouïas* que dominait le croissant vainqueur, et le soir, au *meghreb*, les centaines de *mouddens* purent, sans rencontrer le visage d'un mécréant, jeter aux quatre coins de l'horizon embrasé, du haut des créneaux des minarets, le grand cri de l'Islam : *Allah Akbar ! Mohamed ressoul Allah !*

Ce qui est certain, c'est que sous la dynastie des Aglabites, Kairouan fut une cité très florissante. Elle possédait au moins trente quartiers, et son commerce s'étendait prospère.

On suppose que les architectes de Kairouan furent les mêmes que ceux qui construisirent la grande mosquée de Cordoue.

Pénétrons dans la Sainte Cité : la porte de Tunis ouvre son arche, nous livrant passage. Qu'elle est donc animée, cette rue de Tunis, la principale de Kairouan, avec ses gaies boutiques, le mouvement de tous ces *enturbanés* qui circulent, vêtus de rose et de lilas.

Une éclatante aquarelle !

Des deux côtés de la rue s'alignent de petites échoppes. Ici, c'est un *souki*[1], entouré de paquets jaunes : sucre, café, etc...

Là, un marchand de pois chiches, d'amandes, de *zebibes*[2]. A côté, des indigènes qui font, presque en plein air, une étrange cuisine. Les uns grillent de petits morceaux de viande en compagnie de piments verts et rouges qui se tordent en convulsions ; d'autres agitent, dans de l'huile, des tomates qui nagent, égrenant leurs pépins, à côté d'aubergines molles. Des beignets tout chauds, appelés *ftaïres*, sortent de la poêle ; si l'huile était moins rance, ce serait fort bon ; mais quelle odeur indigène ! Non ! si vous ne la sentez pas vous-même, vous ne pouvez vous en faire une idée.

Et les marchands d'étoffes ? Quel aspect gai offrent tous ces mouchoirs rouges, jaunes, verts, pendus par centaines devant la boutique, semblables à des banderoles, s'agitant au vent, luisant au soleil !

---

[1] *Souki* : Epicier. (Ce mot s'applique aussi à tout marchand ayant étalage dans le marché).

[2] *Zebibes* : Raisin sec.

Sur les nattes des cafés, les maures indolents causent, fument, sommeillent, entourés de pots d'œillets, de basilic, de bouquets de roses fleurissant l'étalage des petites tasses, des cafetières d'étain à longue queue ; puis les boutiques de barbier peintes en bleu de ciel, ornées de cadres grotesques, suspendus sur la tête rasée, tailladée du patient.

Ici l'or flamboie dans les boutiques des peintres où s'étalent, chargés de couleurs éclatantes, des coffres, étagères, tabourets, petites tables qui miroitent au soleil.

Partout, l'animation dans cette longue rue ; la foule bruyante, criarde, vendeurs et acheteurs, indigènes vêtus de rose et de gris perle circulant en flot brillant. Si vous levez les yeux, votre regard ne rencontre que des dômes éclatants de blancheur, ombrés d'améthyste, ou des créneaux de minarets ornés d'élégantes colonnettes, garnis de petites lampes de verre qu'on allume le soir au temps du *rhamadan*.

De *bab* Tunis à *bab* Djelladine, la rue continue, étalant ses boutiques, ses *hammam* à portes vertes et rouges, où flottent sur les terrasses, les *foutâhs* bleues et jaunes nécessaires aux amateurs de bain maure.

De belles maisons à étage, à la porte mystérieuse, aux *moucharabys* [1] grillés plus mystérieux encore, dérobent aux yeux des passants la famille du musulman.

---

(1) *Moucharabys* : Grillage de fenêtre, formant une avancée sur la rue.

Kairouan possède beaucoup de riches indigènes, par conséquent, beaucoup de belles demeures fort intéressantes à visiter.

Nulle ville arabe ne contient autant de souvenirs romains ; à chaque coin de rue sont des colonnes, des châpiteaux noyés dans la maçonnerie, blanchis à la chaux, hélas ! sans pitié pour leur valeur artistique.

A part la grande rue où fourmillent les indigènes, la place où se tient le marché et les *souks* où se fait le commerce, Kairouan semble déserte.

Errons à travers le dédale de rues où les maisons se regardent blanches, froides, tristes, trouées de hautes fenêtres grillées de barreaux sombres, aux lourdes portes de prison. Mais c'est une cité muette ! Ils sont tous morts ! tout au moins endormis d'un sommeil léthargique.

On le croirait volontiers, si, de loin en loin, un burnous ne faisait silencieusement son apparition, ou si un gros paquet gris ne rasait les murs, cherchant un coin d'ombre. Les ruelles succèdent aux ruelles, Kairouan étant fort grand, et les minarets aux minarets.

Ce silence est lugubre ; rendons-nous aux *souks* admirer l'industrie locale.

*_**

Voici le bazar des selliers. Quels beaux cuirs ! Quelles jolies broderies ! Comme les indigènes travaillent avec art ces belles brides, ces brillants harnachements ! Voyez ces selles ornées de fils d'or et de soies multicolores ! Ces beaux tapis de selle en velours violet, vert, amaranthe, frangés d'argent, aux pompons éclatants.

Plus loin, regardons ces tailleurs couper du drap bleu, rose, vert, orange, dont ils confectionnent habilement des *gandourâhs*, des gilets, d'amples *serouals*. Sous leurs doigts s'alignent les petits galons d'or, soutaches élégantes, arrondissant de jolis dessins, agrémentés de petits boutons dorés.

Et les cordonniers ! Quelle gaité dans leur boutique ! Des centaines de sandales, *bolras*, unies ou brodées, avec leur pompon soyeux, encadrent l'échoppe de leurs nuances variées. Il y en a de toutes les couleurs : des bleues, des vertes, des rouges, des violettes, des blanches, surtout des jaunes safran. On ne sait lesquelles prendre tant elles sont jolies ; pour un peu, on achèterait la boutique entière, chargeant un bateau rien que de *bolras* de Kairouan pour les distribuer aux amis de France.

Les marchands de tapis et de couvertures de laine attirent nos regards. C'est la spécialité de Kairouan ces beaux tapis tissés par les femmes. On ne pourra pas, je pense, me taxer d'aimable partialité envers les femmes arabes ; mais je dois avouer, en toute sincérité, qu'elles sont étonnantes dans leur manière de tisser, arranger dessins et nuances fort heureusement, tout cela sans modèles, sans aucune notion de dessin, à l'aventure, encadrant leurs tapis de belles bordures variées, où sont jetés irrégulièrement, sans symétrie, mais fort agréablement, de grands losanges, des fleurs bizarres, dessins excentriques, mains de Fathma, cafetières, vases d'ablution, petits personnages.

Les tisseuses de tapis travaillent accroupies devant un grand métier d'un primitif absolu ; bien souvent, je les ai admirées et j'ai l'assurance que mes tapis de Kairouan ne viennent ni du *Louvre*, ni du *Bon Marché*.

Il y en a des piles énormes de toute sorte, surtout des grands, étroits.

Des moelleux appelés *zerbias*, d'autres à laine rasée, composés de losanges : ce sont les *mergoums* ; puis les *fliges* à grandes raies éclatantes, les petits tapis de prières destinés à orner les mosquées.

A côté des tapis, s'étagent les *boltanias*, *frèchias*, couvertures de Gafsa, mariant heureusement le rouge, le blanc et le bleu en raies et dessins bizarres.

En regardant de *très près*, on y découvre des chameaux fort raides et le général Forgemol plus raide encore.

A ces boutiques succèdent les marchands de *haïcks* soyeux à raies claires, à teintes douces, de foulards de soie chatoyante, de damassés brillants, de mousselines légères, tulles brodés dont se parent les *aroussas*.

Et les galons, les fils d'or, les franges argentées, les paillettes ? Comme c'est amusant d'acheter de tout cela pour broder des ouvrages, souvenirs de Kairouan la Sainte.

Quelle bonne odeur de ce côté ! Ce n'est pas étonnant, ce sont les marchands de parfums. Les sombres voûtes en sont toutes embaumées.

Dans de petites boites, sont couchés des minuscules flacons hermétiquement bouchés : ce sont les essences de rose, de jasmin, de musc et de benjoin tenant compagnie aux cierges pendus autour de la boutique et aux couffins où s'entassent des tas de feuilles sèches de l'odorante verveine-citronnelle, qu'ils appellent : *Louïsa*. Puis d'autres plantes aromatiques, poudres de *henné*, de *tefel*, huile parfumée, petits savons pour le bain, etc...

Les marchands de parfum font de plus rares affaires que les autres ; aussi paraissent-ils dormir.

Nonchalament étendus sur le banc qui leur sert de comptoir, immobiles, dédaigneux, le chapelet dans les doigts, ils répondent à peine à ce qu'on leur demande.

A force de vivre entourés de cierges, leur visage semble de cire.

Plus loin, on entend des coups de marteau : ce sont les boutiques où se martèle le cuivre rouge se transformant en aiguières, tasses, brûle-parfums, plateaux à forme assez élégante dessinés grossièrement, ce qui en fait le vrai charme.

Je vous fais grâce du *souk* des *Djezars* (1) car vous

---

(1) *Djezar* : Boucher.

prendriez sûrement vos jambes à votre cou pour ne plus revenir.

Il y a une telle abondance de mauvaise viande coupée, de peaux de boucs sanguinolentes, de têtes tranchées aux yeux vitreux, et une telle profusion de mouches, que je vais vous faire prendre un autre chemin, vous évitant cette promenade écœurante.

Tout en continuant à passer sous les voûtes fraîches, à l'ombre bienfaisante, je vous mène visiter le *Puits du Chameau*.

Au coin d'une rue, arrêtons-nous devant cette maison, montons l'escalier obscur ; prenez garde de tomber, les marches s'écroulent.

Au milieu d'une grande pièce voûtée, un chameau aveugle tourne une sorte de noria d'où jaillit une eau fraîche venant d'un puits profond que les indigènes disent être en communication avec celui de La Mecque.

A côté de la maison au puits sacré, se trouve un café devant lequel se démène un homme à longs cheveux ébouriffés, étendant tragiquement les bras, parlant avec volubilité, les yeux fous, l'air inspiré. C'est un *derwiche* que les assistants écoutent religieusement, en fumant leurs longs *chibouques* ou en roulant leurs cigarettes tout en buvant leur café épais.

En Tunisie, à Kairouan en particulier, les fous circulent librement dans les rues, promenant leur folie douce ou violente.

Ce sont des êtres sacrés que le musulman respecte parce que l'esprit de Dieu est en eux. La charité indigène les nourrit, les habille, exploitée souvent par des paresseux qui se font volontiers *mabouls* pour ne rien faire et bien vivre.

Il est triste à dire, mais parfaitement exact, qu'il ne suffit pas d'habiter Kairouan pour être vertueux. C'est une des villes de la Régence où s'étalent le vice, les honteux débordements. Il serait grand temps d'appeler Sidi Okba à la rescousse pour qu'il purifie Kairouan la Sainte !

IX

MARCHÉ — LE NAJAH CHARMÉ — KARAKOUS !
KAIROUAN ENDORMIE

La place du marché fourmille : une foule bariolée fait grand tapage : crieurs publics, vendeurs, acheteurs bruyants marchandant avec acharnement.

En ligne serrée, se pressent des négresses accroupies sur le sol, entortillées dans des couvertures rouges et blanches. Elles vendent des pains, de gros pains ronds, lourds, attendant patiemment l'acquéreur, tout en caquetant en corneilles, leur peau luisante de reptile, trouée par leurs gros yeux bêtes.

De ce côté, les poteries de Nabeul, vernies et poreuses, s'amoncèlent : gargoulettes blanches, plats jaunes, lampes vertes de toutes formes.

Par ici, la région des légumes : les piments tachant le sol d'écarlate ; de grosses masses vertes et jaunes de melons, pastèques, concombres ; puis les aubergines violettes, les rouges tomates, les oignons blancs, les carottes pâles, les petits cônes verts des *guenaouias* (1), les herbes de *manoukhias* (2), fort en honneur chez les indigènes.

Tout cela par terre, écrasé, flétri, passant de main en main, dévoré de mouches, rôti de soleil, blanc de poussière ! Brrr ! c'est peu appétissant !

Voici des montagnes de dattes ; il y en a de toutes les qualités, depuis la belle datte transparente comme un sucre d'orge, la datte du Djerid, fondante comme un bonbon, jusqu'à celle de rebut, écrasée, pilée, formant une pâte noirâtre où se délectent une kyrielle de mouches bourdonnantes.

Des marchands de vieux cuirs, ferraille, succèdent à des merceries ambulantes, verroteries grossières, perles criardes, miroirs d'un sou. Quel tohu-bohu ! Quelle bousculade au milieu des ânes maigres et des chameaux grognards !

***

La foule s'attroupe au son du *derbouka* ; ce sont certainement des charmeurs de serpents.

Entrons dans le cercle ; en faisant le coup de poing nous parviendrons à nous faufiler.

Un nègre joue du fifre aigu, un autre du sourd *derbouka* ; un troisième soulève un sac de cuir, où, sous des loques de laine, dort en rond le *najâh* (3).

---

(1) *Guenaouias* : Légume originaire d'Égypte.
(2) *Manoukhias* : Herbe réduite en poudre, servant de condiment.
(3) *Najah* : Gros serpent à tête plate.

Lentement, le reptile déroule ses anneaux, darde ses yeux de jais, se soulève, relevant sa tête plate, aiguisant son dard heureusement inoffensif, suivant des yeux chaque mouvement du charmeur. Il oscille sur lui-même au rythme du *derbouka*, s'enroule autour du nègre, soumis, ensorcelé, promène son dard sur la figure noire de son maître.

Aïe ! Quel frisson fait passer sur l'épiderme la caresse du terrible ophidien !

Le nègre n'a rien de séduisant, la musique rien de mélodieux ; le *najâh* paraît néanmoins totalement charmé !

Les sous pleuvent dans le cercle des musiciens, autour du serpent qui, la représentation terminée, se glisse, onduleux, dans sa retraite.

Ces divertissements sont fréquents, les Arabes étant fort amateurs de ce genre de spectacle.

Parfois la représentation varie, s'agrémente de grotesques travestissements.

Un nègre, bizarrement accoutré, se dirige sur les places, les rues, armé de cimbales, dansant d'une façon comique, suivi d'une bande de petits *bicots* battant joyeusement des mains en criant : *Karakous ! karakous !* (2).

Et le *karakous* s'agite, gesticule, secouant les oripaux dont il est surchargé.

Tout ce qui lui tombe sous la main, lui sert de

---

(2) *Karakous* : Sorte de grand guignol.

parure : peaux de chacals, queues de renards, chiffons où s'accrochent des miroirs, des coquillages, vieilles ferrailles, os de poissons, peaux de serpents, grossière verroterie, cartes, cuillères, fourchettes qui cliquètent sous les soubresauts du négro, bric-à-brac ambulant, s'agitant frénétiquement, poussant des cris affreux, de bête fauve en délire, à la grande joie des petits marmots.

Karakous est coiffé d'un bonnet pointu, barbu, dont les longs poils retombent sur la figure qu'ils dérobent. On ne sait plus quel être se contorsionne sous cet étrange affublement !

Dans chaque grande ville arabe existe une sorte de théâtre, également appelé *karakous*. De celui-là, je ne peux vous parler, n'y étant jamais allée, ce qu'on y représente étant fort peu convenable. Cela n'empêche pas les musulmans de s'y rendre avec leurs enfants. Toujours le défaut de moralité, plaie incurable qui ronge ce peuple.

La nuit tombe ; les ombres épaisses s'étendent sur le labyrinthe des rues étroites.

Que font donc ces hommes armés de torches éclairant leur sombre silhouette?

Ce sont les chercheurs de scorpions, car vraiment oui, il y a beaucoup à Kairouan de ces venimeuses bêtes répulsives.

Des gris, des noirs, des jaunes surtout, moins dangereux, très abondants.

Rasant les murs, examinant, à la lueur des torches, les creux, fissures, fentes des maisons, les chasseurs de ce vilain gibier empalent fort habilement les scorpions sortant de leur trou pendant l'obscurité et réclament, en retour, quelques sous au propriétaire de l'immeuble où a été récoltée l'horrible bête.

Quelle infernale brochette! Comme ils tordent désespérément leur longue queue terminée par le terrible poinçon dont la piqûre est si douloureuse, souvent mortelle!

Au détour d'une ruelle, torches, silhouettes, scorpions disparaissent. C'est le moment de rentrer, de monter sur la terrasse où, sur des nattes, nous pourrons contempler en silence le ciel lumineux, où brillent Sirius, le soleil multicolore, la douce Capella, Véga, l'étoile bleue des amoureux. Voici Cassiopée, Andromède, Castor et Pollux, toujours inséparables, les deux Ourses, la petite Polaire, la grande ligne lactée fourmillant de mondes diamantés.

Sur les terrasses voisines errent des ombres de femmes, sombres fantômes.

Une grande langueur vous envahit. On reste immobile, muet, le regard bien loin, perdu à l'horizon qui s'illumine graduellement.

Lentement, l'astre des nuits paraît, s'élevant dans

le ciel où pâlissent les mondes scintillants, tant est puissante, là-bas, la clarté de Phœbé la blonde.

Sont-ce des mirages, ces coupoles rondes qui s'argentent, ces minarets dentelés où jouent à cache-cache les reflets lunaires et les ombres ? Non ! C'est Kairouan la Sainte assise dans son immense plaine au grand horizon lumineux, doucement endormie sous les rayons de lune, dans le calme profond de la nuit.

X

LES MOSQUÉES DE KAIROUAN LA SAINTE

Nous voici au chapitre des mosquées.

C'est certainement la plus grande attraction de Kairouan, d'autant plus que l'accès en étant défendu à Tunis, vous ne les connaissez pas.

Par où allons-nous commencer ?

A tout seigneur, tout honneur : par la *Djemaá Kebira* [1].

Le quartier qui l'avoisine est absolument désert. Une grande rue silencieuse nous y conduit. Suivons l'Arabe qui nous précède, porteur de grosses clefs.

La porte grince ; nous voici dans la grande cour carrée, entourée d'un cloître à arcades muettes. Cette cour dallée recouvre des citernes emmagasinant précieusement l'eau des pluies.

La grosse coupole centrale élève son dôme blanc au-dessus des arches du cloître, faisant face à une haute tour quadrangulaire, le fameux minaret qui nous a si bien illusionnés dans la plaine.

---

[1] *Djemaá Kebira* : Grande Mosquée.

Entrons d'abord dans la mosquée, nous monterons ensuite au minaret pour admirer l'horizon.

Trois grandes portes en bois sculpté en permettent l'accès.

L'aspect intérieur est saisissant : une forêt de piliers, un dédale de colonnes au nombre environ de 450, s'élèvent sous les voûtes mystérieuses, faiblement éclairées par des vitraux. Ces colonnes, précieux souvenirs de l'art romain dans toute sa richesse, sont teintées d'admirables nuances. Ici, elles sont en marbre rose veiné, délicatement ombrées ; là, en granit gris strié de blanc, pointillé d'argent. Plus loin, en porphyre bleu, vert, violet et lilas. Des châpiteaux, à feuilles d'acanthe, merveilleusement fouillés, les couronnent.

Malheureusement, chaque année, les musulmans les badigeonnent à la chaux qui empâte les dessins, détruisant la forme pure de l'art. Le sol est couvert de grandes nattes luisantes que notre guide relève à mesure que nous passons. De grands lustres chargés de godets en verre, remplis d'huile, sont suspendus aux voûtes, alternant avec les œufs d'autruche renfermant la terre sacrée de l'Arabie.

Au centre, se trouve une niche orientée sur La Mecque : elle est richement décorée de fresques, de versets du Koran, d'arabesques élégantes, tapissée de fines nattes de Tripoli. C'est de cette niche, que le grand *Muphti* [1] invoque Allah, aux grandes fêtes.

---

(1) *Muphti* : Chef religieux correspondant à l'évêque.

A côté, se dresse la chaire de l'*Iman* (1); l'escalier en boiseries sculptées est une vraie dentelle.

Deux colonnes jumelles, en marbre lilas pointillé de brun, s'élèvent près de la chaire de l'*iman*, séparées par un intervalle fort étroit. Celui qui peut passer entre ces colonnes est assuré d'entrer au Paradis.

En vain essayons-nous, les uns après les autres, de nous glisser entre les marbres polis... Ce qu'il y a de plus singulier, c'est que le musulman qui nous guide passe et repasse sans difficulté, nous montrant ainsi que le paradis de Mahomet n'est point créé pour nous !

Nous examinons également de vieux manuscrits ornés de cette jolie calligraphie arabe ; de vieux pupitres soutiennent ces livres sacrés.

Et nous ne nous lassons pas d'errer, silencieux, sous ces grandes voûtes sombres, parlant tout bas comme dans nos cathédrales, les regards attirés par des ombres qui passent sans bruit, se prosternant la face contre terre si dévotement que notre bande ne leur fait pas seulement retourner la tête.

Tout porte au recueillement ; on prierait volontiers, sous ces voûtes, l'Eternel, le Tout-Puissant, le Créateur, le Dieu unique devant lequel se courbe le front de toutes les créatures.

---

(1) *Iman* : Prêtre desservant.

Traversons la cour bordée du cloître silencieux pour atteindre le minaret.

L'intérieur de l'escalier est sombre, les marches étroites, glissantes comme de l'ivoire, usées par les pas des pèlerins. Des meurtrières donnent de loin en loin une indécise clarté.

C'est une véritable ascension! Mais quel spectacle inoubliable du sommet du minaret! Kairouan la Sainte s'étend à nos pieds, toute blanche, toute dorée de soleil, élevant ses dômes harmonieux, ses minarets carrés, ses terrasses étagées, éclairées de rayons qui luisent en auréole sur ses murs sacrés. L'horizon s'étend, immense, baigné de lumière, poudré d'or sous le bleu intense du ciel pur. Les petits souffles légers du soir passent dans l'atmosphère diaphane. Le ciel s'empourpre. Bientôt le soleil va quitter l'horizon, irradiant la plaine; restons encore un peu sur nos créneaux pour jouir pleinement de cette merveille.

Peu à peu, le soleil, couleur de braise, abandonne la voûte céleste, embrasant l'horizon, étendant sur Kairouan la Sainte les reflets diaprés de sa pourpre, éclats multicolores d'un prisme gigantesque.

Quelle majestueuse retraite, celle de l'astre solaire envoyant à la terre la fulgurance de ses derniers feux en ardente caresse, en magique bonsoir!

De grandes bandes pourpres, frangées d'or, lueurs d'incendie, s'allongent, se fondent, emplissent délicatement le ciel d'idéale transparence. Tout devient rose, lilas; de fines ombres s'estompent; une grande douceur flotte dans l'atmosphère attiédie.

C'est l'heure du *meghreb*. De tous les minarets à la fois s'élève la voix des *mouddens* : *Allah Akbar ! Allah Akbar !* et, doucement, la nuit s'étend sur Kairouan assoupie.

Le *Rhamadan*, plus que partout ailleurs, se célèbre à Kairouan avec une grande pompe. Une fête enfantine à la Grande Mosquée marque l'ouverture du carême.

Après le premier coup de canon annonçant le commencement du *Rhamadan*, il règne une grande animation autour de la Grande Mosquée. Des nattes s'étendent ; des piquets, supportant de grosses lanternes, sont placés sur le sol. De petites boutiques étalent leurs friandises : gâteaux aux dattes, au miel, cônes de semoule, feuilletés légers, pâtés roses parfumées au cédrat, au musc, au benjoin, nougats blancs et bruns, caramels, croquants, etc...

Une nuée d'enfants tourbillonne, piaille comme des moineaux, saute, court, la *chechia* sur l'oreille, comme de petits fous.

Les portes de la Grande Mosquée s'ouvrent et les voilà, en bandes folles, s'éparpillant sous les voûtes qui résonnent de leur gaîté.

Ce sont des rires, des cris, des courses échevelées autour des colonnes de porphyre, sur les dalles sombres, des parties de cache-cache sous les lustres éclairés, un tapage infernal.

Ils sont charmants, ces petits *bicots*, ivres de plaisir. Leurs noires prunelles brillent, leur minois barbouillé de gâteaux, poisseux de sucre, étincelle de joie, car c'est leur fête, la fête des petits !

Pendant ce temps-là, les indigènes se groupent, causent, circulent, regardant d'un œil complaisant les petits turbulents. Le musulman aime l'enfance ; il a pour le jeune âge beaucoup de douceur, d'indulgence, de soins délicats.

Bien avant dans la nuit, les marmots s'amusent, se donnant de bon cœur la permission de rire, une fois l'an, dans la *Djemaâ Kebira*.

***

Avant de nous rendre à la mosquée du *Barbier*, qui est située en dehors de la ville, allons voir la mosquée des *Trois Portes*, qui n'a de curieux que sa façade ornée de sculptures byzantines, puis la mosquée des *Sabres*, qui offre plus d'intérêt.

Il y a une trentaine d'années, un pieux marabout, forgeron de son état, avait orné cette dernière d'énormes sabres qui ont disparu. Les fourreaux seuls restent, accrochés dans la mosquée, témoignant de la proportion des sabres qu'ils renfermaient. Ils sont en bois peint ; des versets du Koran sont inscrits sur le revers. Sur les murs sont également accrochés des cadres en bois recouverts d'écriture arabe fort ancienne ; ils sont peints en vert et rouge éclatant.

Un énorme *chibouque*, fabriqué par le marabout-forgeron, se trouve également dans la mosquée. Celle-ci est entourée, d'un côté, d'une cour, terrain inculte où gisent sur le sol des ancres colossales. La légende raconte que ces ancres auraient été apportées par des anges, de Porto-Farina jusque dans la Ville Sainte, pour prouver aux Croyants que rien n'est impossible à Dieu. On suppose de suite, après avoir regardé les fourreaux des sabres et le monumental *chibouque*, que les ancres sont l'œuvre du marabout-forgeron, qui aimait à fabriquer les objets géants. C'est ce que nous disons au gardien de la mosquée, vieillard à barbe blanche, à tournure fort respectable. Il secoue la tête négativement, nous affirme qu'il a connu le marabout-forgeron et que les ancres n'ont jamais été son œuvre. Et les ancres rouillées restent muettes, sans nous donner la clef du mystère qui les entoure.

A un kilomètre de Kairouan, environ, se développe, plus blanche que la neige, dorée par le soleil, la mosquée du *Barbier*. Elle se compose d'une *zaouïa*, d'écoles qui, réunies à la mosquée, forment un grand pâté de bâtiments fort important. Au milieu de la cour s'élève le ravissant minaret carré, décoré de *zelises* [1] anciennes, vertes et bleues, à beaux dessins. On dirait une charmante mosaïque sur laquelle se jouent les rayons du soleil, l'éclairant de beaux reflets.

---

(1) *Zelises* : Carreaux vernis.

La cour qui précède la mosquée est encombrée de pauvres, d'infirmes, de miséreux, venus pour implorer le compagnon du Prophète et réclamer la charité des visiteurs. Il y a des aveugles tendant les mains, des boiteux, des sourds, des muets qui se livrent à une pantomime étrange ; puis des lépreux dévorés du hideux chancre, le visage voilé de loques dissimulant leurs plaies. Et des *meskines* ! Des femmes presque nues, entourées de petits enfants décharnés, qui courent après nous, avides, importuns et tenaces.

Nous leur donnons tous nos sous ; ils reviennent à la charge ; on ne peut plus s'en dépêtrer ; leur odeur nauséabonde nous suffoque ; leur misère nous fait mal au cœur. Pour nous en débarrasser, je leur dis : *Idjib Rebbi* [1]. Aussitôt, ils nous laissent, résignés, soumis à leur triste sort.

Nous voici dans une belle salle éclairée de vitraux, élevant son dôme rond, chargé de moulures de plâtre, arabesques élégantes, frises délicieusement fouillées, d'une pureté extrême de ligne. Des versets du Koran courent harmonieusement, en fine dentelle, en gracieux zig-zag, le long de la coupole.

Des bancs s'alignent contre les murs pour le repos des pèlerins et des touristes.

De là, on pénètre dans une sorte de couloir à ciel ouvert, encadré d'arches élégantes formant galerie. Les murs de ces galeries sont entièrement tapissés

---

[1] *Idjib Rebbi* : Dieu t'en procurera.

d'anciennes *zelises*, admirables de tons, de coloris, de douces teintes fondues, à beaux dessins.

J'ai une envie folle de rester un peu en arrière et de commettre un larcin ! Je voudrais détacher un de ces carreaux. J'en vois un qui me charme. Il est bleu-clair avec des fleurettes jaune pâle, mélangées de petites feuilles vieux vert ; de petits pois roses sont jetés çà et là, on ne sait pourquoi. Dieu ! qu'il est joli, ce petit carreau de vieille faïence, et que l'esprit du mal, ou plutôt la manie du collectionneur, me torture ! Justement, notre guide se retourne et nous fait observer que les étrangers, surtout les Anglais, enlèvent des *zelises*, ce qui est formellement défendu. Il paraît que d'autres que moi poussent aussi loin l'amour des collections !

Il ne sera pas dit que Yasmina, qui est un peu *arabe*, imitera les fils de la brouillardeuse Albion ! Bravement, j'abandonne mon petit carreau favori en lui faisant un signe d'adieu, étouffant un soupir de regret.

Je tâche de me consoler en admirant la suprême élégance de ce couloir éclairé par le ciel bleu turquoise, orné de ces gracieuses arcades noires et blanches destinées à préserver les passants du mauvais œil.

Il donne accès dans une cour carrée fort grande, entourée également d'arcades du plus pur style mauresque.

L'effet de ce grand *patio*, inondé de soleil, arrondissant ses arches, étalant ses vieilles faïences multicolores, est vraiment délicieux. A elle seule, la mosquée du *Barbier* vaut le voyage de Kairouan.

Sous les arcades, à gauche en entrant, s'élève une grande porte en marbre blanc par laquelle on pénètre dans la pièce où dort, sous son catafalque drapé de riches étoffes, le compagnon du Prophète, le barbier *Sidi Sahab*.

La tradition assure que l'ami de Sidi Mohammed est enterré avec un sachet en velours vert contenant trois poils de la barbe du saint Prophète et que, préservé par cette relique, son corps s'est conservé intact.

Vous pensez que nous ne demandons pas à vérifier.

Quatre colonnes de marbre noir entourent la tombe de *Sidi Sahab*, sur laquelle se déploient, flambants, des étendards de pourpre et d'or.

Les tentures riches abondent. Les murs sont couverts de versets du Koran, alternant avec des fresques peintes à l'italienne, d'un goût douteux. Le sol est recouvert entièrement de merveilleux tapis de Kairouan, de Smyrne et d'Arabie, doux comme du velours, aux teintes discrètes, d'un coloris admirable.

Une citerne se trouve dans la pièce. Un musulman écarte un tapis, soulève une dalle et nous offre un verre d'eau fraîche : *Bismillâh* [1].

---

[1] *Bismillâh* : Au nom de Dieu, c'est-à-dire à votre santé, dans notre langage.

Nous ne nous lassons pas d'admirer les tapis, les étoffes, parlant tout bas, marchant doucement, pour ne pas troubler le silence religieux du lieu vénéré, noyé dans une demi-obscurité. Des silhouettes musulmanes profilent leur ombre silencieuse, se prosternent autour du tombeau de *Sidi Sahab*, la face sur les tapis moelleux.

De la cour partent des cris joyeux d'hirondelles qui, de leur vol rapide, effleurent les grilles des fenêtres. Elles font leur nid sous les corniches de la cour mauresque. Les musulmans les respectent, disant en souriant qu'elles sont les envoyées de Dieu pour rappeler le jeûne et la prière.

En sortant de la mosquée, nous entendons dans une pièce voisine des voix d'enfants, qui semblent psalmodier : c'est une école. Ils sont tous là, accroupis sur des nattes, une vingtaine de petits *bicots*, tenant un carton orné d'un grimoire d'écriture arabe, récitant l'alphabet, des versets du Koran, tous à la fois, scandant chaque lettre, chaque syllabe par un hochement de tête, un balancement du corps.

L'instituteur indigène, accroupi sur un banc, est armé d'un long bâton qu'il promène de temps en temps sur la *chechia* des petits turbulents, fort distraits par notre présence.

Ils se cachent derrière leur carton pour rire, les petits fripons ; une caresse de maître bâton les ramène à des pensées plus sages, et nous les quittons, ne voulant pas leur donner davantage de distractions.

De grands cimetières, au blanc éblouissant, s'étendent de tous côtés au milieu de la plaine sèche. En cette saison, la nature offre peu d'attraits ; j'ai grand peur que vous ne vous ennuyiez, et si vous voulez bien, tout en continuant à faire le tour extérieur de Kairouan, je vais vous raconter une petite histoire. Ce n'est pas un conte de fées. Il ne sera pas question de palais enchanté, de belles dames endormies pendant cent ans, d'oiseau bleu, ni d'ogre redoutable.

Mon héros n'a rien de merveilleux. Il ne ressemble en rien, je vous jure, au prince charmant.

C'est un vieux *derwiche*, l'*amin* (1) de la corporation des forgerons.

Il mérite l'honneur de vous être présenté, et son croquis n'est pas à dédaigner.

---

(1) *Amin* : Chef de corporation d'ouvriers.

XI

HISTOIRE D'UN VIEUX FORGERON, AMATEUR DE FLEURS ET D'ALCOOL

Je n'avais jamais vu le vieux *derwiche* forgeron.

Un matin, un serviteur indigène vient me dire :

— *Lalla*, le chef des forgerons demande à te parler.

— Que veut-il bien me dire ?

— Je ne sais pas, il veut absolument te voir.

— Quel est ce forgeron, dis-je à l'Arabe.

— C'est un saint *derwiche*, le patron des forgerons de Kairouan, renommé dans toute la contrée. Il guérit les maladies, préserve du mauvais œil. Il est très pauvre, ne possède pas de maison, se contentant d'un petit coin dans le taudis qui lui sert d'atelier. Il est d'une adresse remarquable. Il n'y a que lui pour savoir aussi bien travailler le fer, forger de grosses clefs, de solides cadenas.

— Ce n'est pas étonnant, ajoute mon Arabe, car l'esprit de Dieu est en lui.

— Fais-le monter, dis-je intriguée, intéressée par ce type nouveau à étudier.

La porte du *patio* s'ouvre, donnant passage à *Smaïn*, le vieux *derwiche*, se tenant respectueusement à distance, un bouquet de roses dans les mains.

Vêtu de loques, petit, vieux, ridé, affreux, poudré de charbon depuis les pieds jusqu'à la cornée des yeux, *Smaïn* gardait le silence.

Domptant mon dégoût, je lui dis doucement :

— Que veux-tu *Smaïn* ?

— *Lalla*, je viens t'offrir ces roses, pensant que tu les aimes.

Emue de l'attention délicate de ce pieux forgeron, je m'avance vers lui, je prends ses roses, et le remercie vivement.

Smaïn met la main sur son cœur, saisit le bas de ma robe qu'il embrasse dévotement et où il laisse une trace de charbon, bien entendu.

Je lui demande où il a trouvé ces jolies roses, les premières de l'année. Il me raconte que près de son atelier fleurit un rosier qu'il soigne parce qu'il aime les fleurs : quelle antithèse ! et que si je veux bien le lui permettre, il m'apportera tous les jours un bouquet.

Je lui dis oui en souriant, et je cours mettre mes roses dans l'eau, ravie de respirer leur parfum.

Le lendemain, à la même heure, *Smaïn* arrive avec son bouquet, ainsi de suite pendant quelques jours ; mêmes remerciements, mêmes baisers sur ma robe.

Des roses s'épanouissaient partout, embaumant les

appartements, égayant les tristes pièces à fenêtres grillées, qui ressemblaient à une prison.

Un matin je dis à mon ami *Smaïn* :

— Veux-tu que je t'achète tes roses ? Il y a assez longtemps que je les accepte par amitié. Fais-moi le plaisir d'accepter à ton tour.

Voilà mon *Smaïn* fâché, rouge de colère sous son charbon, et qui se met presque à pleurer, disant que j'insulte un *derwiche* !

— Accepte alors des vêtements, tu aurais grand besoin d'un burnous, et une *chechia* neuve remplacerait avantageusement cette calotte noire et graisseuse qu'il faudra jeter bien loin.

Voilà encore mon *Smaïn* furieux, vexé, qui dit n'avoir besoin de rien, que vivant dans le feu, les vêtements sont superflus, que le charbon abîme tout, et que, du reste, il ne se lave jamais, cela n'en valant pas la peine, puisque le lendemain il est aussi noir que la veille ! ! !

A bout d'arguments, je lui dis :

— Ecoute, dis-moi ce qui te ferait bien plaisir, je serais si heureuse de te contenter ?

Il se trouble, hésite, puis bravement me dit :

— Eh bien, *Lalla*, tu sais, je vais te dire ce qui me rendrait heureux ! Si tu voulais me le donner, tu me ferais un plaisir, mais un plaisir ! Excuse ma liberté, mais tu es bonne, je suis ton ami ! Je voudrais que tu me donnes à boire un petit verre d'eau-de-vie !

Je le regarde ahurie, ouvrant de grands yeux, croyant rêver ! Comment ! un saint *derwiche* me suppliant de lui donner de l'alcool ! C'était renversant !

Comme j'étais enchantée de lui être agréable, je vais chercher un carafon de bon cognac et lui en verse un verre à bordeaux.

A travers les couches de charbon qui tapissent son vieux visage, les yeux du *derwiche* brillent comme des escarboucles enchâssées dans de l'émail noir !

Le voilà qui prend le verre de cognac, s'agenouille, l'avale d'un trait, fermant les yeux d'un air béat, les mains croisées sur sa poitrine, et dit avec une jouissance infinie :

— *Meleh* (1).

Il disparaît, me laissant abasourdie d'un tel événement.

Le lendemain, *Smaïn* et les roses font leur apparition, lui si laid, elles si jolies.

Sans mot dire, je lui présente le verre de cognac qu'il ingurgite avec le même cérémonial, les mêmes transports.

Je ne sais comment il se fit qu'un jour je m'aperçus qu'il n'y avait plus de cognac à la maison. Il en faisait une consommation si désordonnée !

J'entends arriver mon *Smaïn*, jamais je n'aurai le temps d'envoyer chercher de l'eau-de-vie ! Que

---

(1) *Meleh* : C'est bon !

faire ? Je ne peux le priver cependant de ce moment de délices, le pauvre vieux bonhomme.

Une inspiration ! Si, pour une fois, en passant, je lui donnais de l'alcool ? Mais ce sera trop mauvais ? Il s'en apercevra certainement et croira que je veux lui offrir de la mauvaise qualité ?

Je n'ai pas le choix, voici mon vieil ami encharbonné qui entre avec ses roses fleuries.

Sans s'apercevoir de rien, il avale l'alcool, ô miracle ! il se relève, transporté, couvre ma robe de baisers et me dit :

— Ah ! *Lalla*, en voilà un bon *spirito* ! Celui que tu me donnais était bien bon, mais celui-là !... Celui-là, vois-tu, je le sens passer ! il parfume la bouche ! tu me donneras toujours de celui-là, n'est-ce pas *Lalla* ?

J'étais de plus en plus renversée. Il y avait de quoi, n'est-ce pas ?

Et tous les jours, mon vieux *Smaïn*, porteur de roses, dégustait amoureusement son alcool à brûler.

Cela dura plus longtemps que la saison des roses, car le vieux forgeron faisait des prodiges pour se procurer des fleurs.

Les cassies succédèrent aux roses, les jasmins, les œillets aux cassies.

Je ne sais où il dénichait ces fleurs !

Jamais, chez moi, on ne fit semblable abus d'alcool à brûler ! De quoi enflammer toutes les mèches de l'univers !

Je faisais venir l'alcool de Tunis par bonbonnes. Qu'auraient pensé de nous les épiciers de Kairouan, grand Dieu !

A coup sûr, jamais ils n'auraient supposé que c'était le saint *derwiche*, *amîn* des forgerons, le coupable de cette débauche alcoolique !

XII

UNE COLONNE QUI SAIGNE — AISSAOUAS

Tout en vous racontant l'histoire de mon vieux forgeron, nous avons circulé autour de Kairouan, examiné les remparts, qui n'offrent rien de particulier, traversé la campagne grillée, remarqué sur une petite hauteur le camp des tirailleurs, les rails du petit Decauville qui serpentent dans la plaine du Sahel, dans la direction de Sousse.

Maintenant, nous suivons un sentier bordé de figuiers de Barbarie, étoilés de fleurs jaunes, qui nous conduit aux *Colonnes sanglantes.*

Ce sont deux fûts monolithes de trois mètres de longueur, en superbe porphyre rose, lilas, noir, à raies rouges.

Ces colonnes gisent au milieu de l'herbe desséchée, étalant leurs admirables teintes au soleil qui les grille de ses feux.

La légende raconte qu'il y a fort longtemps qu'elles sont là, et qu'un jour, ayant voulu les scier, les ouvriers se sont sauvés épouvantés, les colonnes laissant échapper du sang de leur blessure.

Je vous donne pour ce qu'elle vaut cette légende, étant moi-même fort incrédule en cette matière. Ce qu'il y a de certain, c'est que depuis un temps fort reculé, on ne sait pas comment ces colonnes se trouvent là, et ce qu'elles ont bien pu venir faire dans ce petit sentier, sous les cactus de Barbarie.

Sur une colline avoisinante se trouve la Ferme des Oliviers, exploitation appartenant à M. Grandjean, de Paris.

Reprenons le chemin de Kairouan ; il commence à se faire tard ; nous avons juste le temps de dîner avant de nous rendre à la mosquée de *Sidna-Aïssa*, où je veux vous faire assister à une séance d'*Aïssaouas*.

C'est ce soir, vendredi, à la nuit, que travaillent les adeptes de cette secte ; vous ne pouvez quitter Kairouan sans voir les disciples de *Sidi-Aïssa*.

Je vous engage à l'avance, ami lecteur, à dompter vos nerfs, vos terreurs, vos dégoûts, à faire provision de courage pour assister jusqu'au bout à la représentation.

Cette secte religieuse a été instituée en l'honneur de *Sidi-Aïssa* ; les adeptes se livrent sur eux-mêmes à des pratiques cruelles, répugnantes. Beaucoup de musulmans en font partie, car c'est un grand honneur que d'appartenir à cette confrérie.

Suivez-moi dans la *zaouïa*, il y a déjà foule ; mais nous sommes attendus et nous entrons facilement, prenant place sur des bancs qu'on nous a réservés.

Quelques lampes éclairent faiblement la mosquée. Des nattes sont étendues sur le sol, où les musiciens sont accroupis, tenant leurs instruments habituels.

L'encens s'élève en fumée épaisse ; il fait horriblement chaud, et cela sent atrocement mauvais. N'importe ! la curiosité nous retient et la cérémonie commence.

Le *Mokaddem* [1], chef des *Aïssaouas*, se lève, récite d'une voix monotone des prières, accompagnées de coups de *derbouka*.

Les *Aïssaouas* arrivent, un à un, d'un air tranquille, s'enlacent les bras, formant une longue chaîne, commençant à osciller doucement de gauche à droite, un vrai balancement d'ours en cage, accompagnant leur mouvement de sourds grognements.

Progressivement, ce balancement augmente, leur tête roule sur leurs épaules en hochements nerveux, précipités ; les turbans se déroulent, les *chechias* tombent, laissant à nu la tête rasée, ornée, au milieu, de la petite mèche traditionnelle par laquelle Sidi Mohamed doit les enlever au paradis.

L'allure des sectaires s'accentue, leurs yeux s'in-

---

[1] *Mokaddem* : Chef d'une confrérie.

jectent, leurs lèvres se couvrent de bave, les grognements se changent en rugissements gutturaux, et de leur bouche tordue, en spasmes nerveux, s'échappe sans cesse ce cri : *Allah ! Allah !*

Les musiciens font rage, surexcitant les nerfs des Aïssaouas qui s'agitent frénétiquement, en proie aux convulsions d'un violent délire. Ce sont de vrais épileptiques que nous avons sous les yeux, se tordant comme des vers.

De leur poitrine haletante s'échappent des cris de bêtes féroces. L'un rugit comme le lion, un autre glapit comme la hyène, un troisième grogne comme le chameau, tout en continuant leurs délirantes saccades. La contagion gagne tous les assistants, les musiciens tapent follement la peau de leur *tam-tam*.

Quelques femmes voilées assistent à la cérémonie ; de temps en temps un *you-you* part en fusée stridente, déchirant l'air impur de son chevrotement aigu. Non ! ce n'est pas un cri de femme qui retentit dans cette pièce voûtée, à peine éclairée, où s'agitent ces démoniaques ! C'est un rire de goule, avide de sang, et nous frissonnons jusqu'aux os.

De la chaîne, se détachent un, deux, trois Aïssaouas qui se jettent sur des lances, se les enfoncent dans le ventre par des coups de marteau, s'enfilent des aiguilles sous la peau des bras, des joues.

D'autres avalent des clous, des charbons ardents, du verre pilé. Un sectaire saisit une poule vivante qu'on lui apporte, et, d'un air furieux, la mord, la déchiquète, malgré les cris désespérés du pauvre volatile ; les plumes tombent, le sang coule, inondant l'illuminé, qui continue son horrible repas.

Un panier de scorpions est apporté au *Mokaddem*, qui les distribue aux farouches adeptes. Le désordre est à son comble : tous se précipitent, la bouche ouverte, en poussant des cris épouvantables. C'est à celui qui attrapera davantage de scorpions !

On les entend broyer, en grinçant des dents, ces horribles bêtes ; leurs yeux blancs roulent dans l'orbite, leur visage se décompose ; tour à tour, leur physionomie passe de la fureur à l'extase, tant leur paraissent savoureux les mets étranges qu'ils ingurgitent.

Des enfants de 10, 12 ans s'approchent du chef de la confrérie pour partager le repas de leurs frères ; moins avancés en sainteté, ils ne peuvent dompter leur dégoût en croquant les scorpions ; un regard irrité du *Mokaddem* les leur fait avaler courageusement.

D'énormes troncs de figuiers de Barbarie sont apportés et jetés sur le sol.

Nus jusqu'à la ceinture, les disciples de *Sidi-Aïssa* se roulent sur les cactus épineux avec de véritables délices.

On dirait qu'ils s'étendent sur des roses.

Semblables à des vers, ils se tordent sur ce lit épineux, au milieu des vociférations, des coups redoublés des *derboukas*, des cris de chouette des femmes, se relèvent hérissés comme des pelotes d'épingles, arrachent des feuilles de figuiers, mordent dans la pulpe à belles dents, avalant tout avec un air de contentement suprême.

Haletants, épuisés, ils tombent un à un sur les nattes, en proie à une trépidation nerveuse qui agite leur corps de tremblements violents.

Aussitôt le *Mokaddem* s'avance vers eux, d'un air paterne, les serre sur sa poitrine, leur fait des passes magnétiques, tout en récitant des prières.

Calmés, ils se relèvent, se vêtissent, cherchent leurs *chechias*, leurs *bolras*, et, sans mot dire, quittent la mosquée, disparaissant dans la nuit.

Je m'approche d'un petit garçon qui s'est roulé sur les cactus ; sa chair saigne ; son dos, sa poitrine sont remplis d'épines. Je lui demande s'il ne souffre pas trop.

— Oh non ! me dit-il, ce n'est rien cela ! Je ne suis encore qu'un chameau.

C'est la première étape de la sainteté !...

Assurément, nous sommes plus malades que les *Aïssaouas*.

Cette scène démoniaque, ces hurlements de bêtes féroces, ces pratiques barbares qui viennent de se passer dans cette mosquée éclairée de lampes fumeuses, ces odeurs d'huile rance, de sueurs mélangées d'encens, cette chaleur, nous font tourner la tête.

Nous nous retirons ahuris, respirant à pleins poumons l'air extérieur, regagnant nos pénates, où nous rêverons assurément, le reste de la nuit, de ces détraqués fervents ou de ces comédiens névrosés, qui joignent aussi bien l'hystérie à l'habileté pour la plus grande gloire de *Sidi Aïssa* !

XIII

INTÉRIEURS — SINGULIÈRE MUSICIENNE
SOUBRETTES FIN DE SIÈCLE !
MORT DU BRILLANT ABDERRAHMAN

Nous ne pouvons pas quitter la ville sainte sans visiter quelques intérieurs, et de suite, en première ligne, nous nous rendons chez le gouverneur de Kairouan, dont le père, général tunisien, est mort au cours de son cinquième pèlerinage en Arabie. Malgré toutes les objections de sa famille, opposée à son départ pour La Mecque (car le général était fort âgé) il partit en disant : « Priez *Allah* qu'il prenne ma vie sur le sol sacré où je désire mourir. » *Allah* combla le vœu de son fidèle serviteur. A peine débarqué à Djeddâ, en plein désert aride, sous le ciel de feu, le choléra terrassa le vieux général. La nouvelle de sa mort arriva environ un mois après à Kairouan, et plongea la famille dans le deuil ; la ville entière retentit des cris et hurlements des femmes indigènes s'associant par amitié et surtout par intérêt à la douleur des enfants.

Son fils fut nommé à sa place gouverneur de Kairouan. C'est un homme dans la force de l'âge, déjà grisonnant, affable, intelligent, poli, doux de visage et de manières.

Muette à l'extérieur, la maison du gouverneur est fort agitée intérieurement par la nombreuse famille qui l'habite : ce sont des cris d'enfant, des serviteurs, des visites féminines nombreuses à la femme du maître de céans, la grasse et lourde *Beïa*.

Celle-ci assiste, en divinité impassible, au tapage qui se fait autour d'elle, couverte de soies chatoyantes, alourdie d'or, de bijoux, échangeant de brèves paroles avec les matrones ses amies, allaitant perpétuellement des marmots qui s'égrènent autour d'elle, donnant des ordres impérieux aux servantes, sans se déranger de la pile de coussins où s'enfoncent moelleusement ses charmes opulents.

Sur un regard expressif de son mari, elle se lève péniblement et vient à nous avec un balancement de barque agitée par les vagues, soulevant ses lourds anneaux qui tintent, assujettissant la *foutâh* de soie rouge et jaune qui soutient sa taille informe ; elle nous tend sa main rouge de *henné*, couverte de bagues, et nous fait les honneurs de sa maison.

Après un moment de repos, nous visitons de nombreuses chambres, buvons du café dans de petites tasses supportées par de jolis coquetiers d'argent, croquons des gâteaux feuilletés, pâtes de cédrat, de limon, sentant tout à fait la pommade rosa ; puis, nous passons l'inspection du trousseau de Mme *Beïa*, fort orgueilleuse d'épater « *les roumias, pauvres occidentales si simplement vêtues* ». Pour lui faire plaisir, j'admire ses *gandourâhs, djebbas, beurnitas*, constellés d'or et de paillettes, ses perles et diamants lourdement montés, ternis, salis par le savon, la poussière, les sequins d'or jaune à reflet de cuivre, les colliers de bois de santal au parfum écœurant.

Après avoir caressé les bambins qui tournent autour de nous comme des moucherons, nous quittons la noble *Beïa*, qui reprend sur ses coussins sa pose d'idole impassible.

*
* *

De là, nous nous rendons chez le caïd *Abderrahman* qui nous a invité à déjeuner. C'était une des plus sympathiques silhouettes indigènes que j'aie connues.

Grand, fort, toujours superbement vêtu, la physionomie ouverte, l'œil vif, brun, coloré, le sourire sur les lèvres, la main largement tendue, tel m'apparaît toujours ce brillant caïd, si rapidement enlevé dans la force de l'âge.

Il vient nous chercher lui-même dans sa victoria, attelée de quatre jolies mules, au cou orné de chaînettes dorées, pour nous conduire au vaste palais arabe qu'il habite dans le voisinage de la Grande Mosquée.

On pénètre dans la cour intérieure par une *maksoura*, sorte de grande antichambre où veillent sur des bancs deux grands nègres, semblables à des eunuques.

Aussitôt, dans la cour immense, claire, ensoleillée, nous sommes entourées de la famille du caïd, qui se compose de sa mère, de sa femme, jeune Tunisienne agréable, à peau blanche, de trois grandes jeunes filles ayant l'aimable physionomie de leur père, et de jeunes fillettes.

Tout est affable, souriant, confortable et luxueux, dans cette belle demeure, ornée de tentures chatoyantes, de belles glaces, de superbes tapis.

Abderrahman est au comble de la joie, car après bien des années d'attente, il vient de lui naître un fils, petit poupon de 15 jours, que nous pouvons à peine distinguer au milieu des *foutâhs* de soie qui l'entortillent en joyau précieux. Aussi le caïd a-t-il de tendres regards et des soins d'amoureux pour sa femme *Aziza*, la Tunisienne qui vient d'ajouter un si beau fleuron à sa couronne.

Les femmes ne cessent de nous entourer, nous faisant mille prévenances en causant gentiment, s'inquiétant de ce qui peut nous être agréable.

Tout est intéressant dans cet intérieur, dépourvu de la banalité ordinaire des demeures indigènes.

Nous admirons de merveilleux tapis que les filles

d'Abderrahman tissent elles-mêmes sur de grands métiers ; de vrais travaux des contes de fées ! puis nous visitons la maison en détail, ce qui n'est pas une petite affaire. Quelle enfilade de pièces ! De grands salons meublés de velours d'Utrecht, de broché cerise, de satin jaune, des plus petits en cretonne à fleurs, des chambres aux rideaux irréprochables de blancheur. Dans d'immenses pièces sèchent des figues, des dattes, des piments, s'alignent des sacs de blé destinés au couscouss, s'empilent des toisons de laine blanche : un vrai magasin.

Nous prenons le café et buvons du sirop dans des vérandâhs grillées, grands *moucharabys* qui s'avancent curieusement dans la rue et où il est permis à la femme du riche indigène de glisser ses regards et de prendre part au monde qui s'agite derrière les barreaux de sa cage.

De loin en loin, émergent des coins de terrasse où s'épanouissent des pots d'œillets, le grand luxe de Kairouan, trouées de lumière, aveuglantes de soleil, puis de petites cours à ciel ouvert, gaies, luisantes de clarté, avec le ciel turquoise comme horizon magique, coupant à merveille le froid sombre des grandes pièces barraudées. Notre course continue, c'est vraiment le tonneau des Danaïdes, que la demeure d'Abderrahman !

Les femmes rient, très amusées, flattées dans leur vanité, de notre étonnement, et elle nous font faire consciencieusement le *tour du propriétaire*, ne nous faisant grâce de rien. Tout cela sent bien un peu le moisi, une vague odeur de benjoin et de rance ; par-ci, par-là, quelques fleurs artificielles, des pendules muettes sous globe, des chaises, des guéridons boiteux ; néanmoins notre civilisation a pénétré dans ce coin de Kairouan, grâce au brillant caïd. Dans un salon, j'aperçois un piano. Il semble bien dépaysé le pauvre instrument, et paraît en pénitence contre le mur. Cela fait mal à voir, encore plus à entendre. Quelle voix fausse et enrouée !

Sur une prière des femmes je joue je ne sais pas trop quoi, puis la femme d'Abderrahman me dit : « Moi aussi je joue du piano ». En voilà une nouveauté ! une femme indigène jouant du piano !

Elle s'installe, tape, cogne à grands coups de poings sur les malheureuses touches. C'est un charivari infernal, assourdissant, à faire crier tous les chats du pays.

Je dissimule tant que je peux un fou rire nerveux, car autour de moi les *mouquères* écoutent religieusement la singulière sonate qu'exécute cette musicienne d'un nouveau genre, à rendre jaloux le grand maître Saint-Saëns.

Nous la félicitons de sa brillante exécution et continuons notre promenade jusqu'à ce qu'Abderrahman vienne nous chercher pour déjeuner dans une partie isolée de son palais où nous attendent ces messieurs en train de fumer d'innombrables cigarettes, tout en buvant de moins innombrables tasses de *caoua*.

Une table fort bien dressée nous attend. Rien n'y manque : fleurs au milieu du couvert, flûtes à champagne, linge damassé brodé d'un A majestueux.

Nous faisons part de nos impressions à nos maris qui s'égayent fort de la manière dont on joue du piano à Kairouan.

Abderrahman a fait des merveilles ; le menu est épatant : hors d'œuvre, entrées, rôtis succulents, asperges de conserve, entremets, gâteaux, fruits délicieux, le tout arrosé d'excellents vins.

Pour que tout soit à l'avenant, le caïd n'a pas voulu de ses serviteurs indigènes, de crainte qu'ils ne connussent pas suffisamment le service à la française, et croyant bien faire il exhibe deux femmes à chevelure pommadée, à accroche-cœur significatifs. Grand Dieu ! où a-t-il été cueillir ces créatures ? Dans quel bouge de Kairouan a-t-il fait cette belle trouvaille ? Quelle idée géniale et quels rires cela nous occasionne !

Après avoir un peu froncé les sourcils à la vue de ce gibier, nos maris prennent le parti d'en rire ; nous les déridons vite tant nous nous amusons.

Avouez, cher lecteur, qu'il faut venir à Kairouan pour voir chose pareille ; ce n'est pas ordinaire dans ma chère Auvergne et sûrement le Puy-de-Dôme en mettrait son bonnet, se voilant pudiquement la face ne voulant pas assister à la mésaventure qui arrive à ses concitoyennes. Heureusement que nous ne sommes pas bégueules et que cela ne nous empêche pas de faire honneur au festin du pauvre disparu : Abderrahman.

•*•

Oui, à ce moment-là, cette grande maison résonnait de joyeux cris ; les visages étaient heureux, l'abondance partout ; honneurs, argent, distinctions pleuvaient sur la tête du brillant caïd ; mais la mort guettait sa proie dans l'ombre.

Un jour de fête, pendant que Kairouan en liesse célèbre la fête nationale, et que les *goums* passent en tourbillons, déchargeant leurs *moukahlas*, exécutant de superbes *fantasias*, un bruit se répand et court, sinistre nouvelle qui terrifie tout le monde : Abderrahman est mort !

Comment ! Abderrahman est mort ? Mais à l'instant même il était là, il causait, souriant, superbe dans ses *haïks* éclatants, offrant des sirops, des limonades, des bonbons aux enfants, aimable pour tous.

Nous l'admirions, il n'y a pas une heure, monté sur son beau cheval noir, majestueux et fier sur sa selle de velours amarante et nous disions : « Quel beau cavalier ! Quel type accompli du musulman ! Il caracolait, il y a un instant, conduisant le *goum* des *Ouled Khalifat* ; en passant devant notre tribune il a salué gracieusement, plein de vie et d'orgueil ! »

Oui, oui, c'est vrai, ce fringant cavalier est mort, et sous ses *haïks* de soie, son cœur glacé n'entend plus les détonations de la poudre, les galops furieux des chevaux emportés dans une fantasia vertigineuse.

Le soleil, ce soleil terrible de juillet, est venu incendier son crâne, terrassant ce colosse, et là-bas, dans la grande maison, les femmes, affolées, hurlent, se tordent de désespoir.

Il était parti si bien portant, superbe sous son burnous fin comme un tissu de fée ; fier, adoré de sa femme, de ses filles, de sa vieille mère dont il était le Dieu ! Son fils dormait ; doucement il avait contemplé l'espoir de sa race, puis sa belle monture l'avait emporté dans le reflet du velours, l'éclat de l'or, là-bas au champ de courses où les réjouissances battaient leur plein. Sur son passage, les indigènes s'écartaient respectueux, tant il avait de prestance, et il avait pris place à la tête de son *goum* sous le soleil de feu qui, dans l'ardeur de ses rayons, lui prit brusquement la vie.

L'émoi, le chagrin furent grands ; la fête interrompue, car il était populaire et charitable, la ville entière se porta vers le vaste palais d'où s'exhalaient d'affreuses lamentations. Pensez donc ! pendant que, joyeuses, les femmes vont et viennent dans la maison, que la jeune mère caresse le petit nouveau-né, il se fait un grand brouhaha à la porte, et dans la cour pénètrent les deux nègres chargés d'un pesant fardeau. Ce fardeau inerte, sous la soie des *haïks*, c'est le brillant Abderrahman, foudroyé en pleine fête. La mère s'arrache les cheveux, les filles s'égratignent, la femme se jette sur le corps de son mari, l'enfant dans les bras, au risque de le tuer, folle de ce terrible coup du destin.

Il n'y avait pas encore une heure que le caïd était mort lorsque je me rendis près des femmes. La maison était entourée d'une foule désolée de pauvres qui criaient : « Il est mort notre père ! le bon ! le généreux ! Qui nous donnera du pain à nous et à nos enfants ? » C'étaient des lamentations éplorées.

De la grande cour ensoleillée s'échappaient de vrais hurlements ; elle contenait bien au moins deux cents femmes, se lacérant à coups d'ongles, formant un grand cercle autour des filles du mort, se déchirant la peau du visage, de la poitrine, des bras, en criant désespérément.

Dans la grande chambre longue aux belles tentures, sur le lit couvert des coussins de soie, s'allongeait, recouvert d'un *haïk*, le corps rigide d'Abderrahman, et sur un banc, effondrée, sa femme pleurait. Pauvre femme ! Je lui pris la main doucement, émue jusqu'aux larmes, elle se jeta à mon cou, puis, folle de douleur, voulut secouer le mort pour le réveiller.... Péniblement aidée d'une amie, je parvins à l'étendre sur un canapé, mettant près d'elle, en suprême consolation, le fils d'Abderrahman, sa joie, son orgueil, pendant que le père dormait son dernier sommeil.

XIV

A L'OMBRE DES POTEAUX TÉLÉGRAPHIQUES
LÉGENDE DES PUCES — MA PASSION POUR EL-AÂLA

Par une lumineuse aurore, nous franchissons les murs de Kairouan, nous dirigeant sur El-Aâla, où nous comptons séjourner quelques jours tout en rayonnant aux alentours.

Le pays est charmant et le *cheikh* ayant mis deux chambres à notre disposition, nous allons pouvoir respirer tout à notre aise l'air pur des champs ; cela nous reposera des « odeurs de Kairouan ».

La journée s'annonce chaude ; pas un souffle ne traverse l'air tiède, où la lumière rose du soleil levant s'éparpille délicatement sur la nature à peine éveillée, sur les dômes et minarets de Kairouan la Sainte, qui fuit derrière nous. Vous allez avoir chaud et m'envoyer aux cinq cent mille diables de ma rage d'excursions en plein été ?

Nous laissons à droite la mosquée du *Barbier*, dorée de soleil, pour prendre de suite la route d'Hadjeb-el-Aïoun. D'interminables cimetières s'allongent à perte de vue, éclatants de blancheur.

A quelques kilomètres, un massif de verdure coupe l'aridité de la plaine desséchée : c'est le jardin d'un riche musulman, *El Aouini*. Ce jardin est entouré de cyprès qui profilent leur sombre et maigre silhouette dans le ciel lumineux et le préservent des coups de vent qui s'élèvent en formidable tempête dans la grande plaine. Nous le visitons ; il est fort bien irrigué à l'aide d'une noria ; c'est un fouillis d'orangers, de cognassiers, de poiriers, de grenadiers, de jasmins et de roses.

El Aouini fait construire dans cet Eden une jolie maison mauresque, afin que sa famille puisse, l'été, venir y respirer un peu de fraîcheur.

La plaine semble s'allonger, s'étirer, paresseusement baignée de soleil, n'ayant comme ombrage que les poteaux télégraphiques. Les alouettes huppées picorent gaiement ; des bandes de moineaux font la moisson. L'horizon bleu frissonne dans sa chaude buée d'une transparence opaline, irisée de lilas, noyée de soleil.

A droite, bornant la plaine, les montagnes de *Cherichera* ; devant nous, le *djebel Trozza* émerge du sol, tout bleu, plein de reflets roses, émeraudes, se découpant finement sur le ciel serein. Plus loin, une ligne échancrée, c'est le *djebel Serdj* qui étale son plat à barbe à l'horizon transparent.

Un long feston rose coupe la plaine en deux,

encadrant un large ruban sablonneux : c'est *l'oued Merguellil*, desséchée, dont le sable crie : à boire ! dont les pierres craquent surchauffées.

Les étoiles roses du laurier semblent s'épanouir avec ivresse sous la chaleur brûlante, ouvrant leurs corolles au grand soleil. Elles fleurissent l'espace à perte de vue, semant une gaité radieuse sur la terre aride et désolée. Le limon de cette *oued* qui roule l'hiver de grandes eaux, féconde ces lauriers, les vivifie, leur donne une puissance de vitalité et de résistance inouïes ; leurs fleurs deviennent larges comme de petits soleils, éclatantes comme des rubis, étalant triomphalement, en magique beauté, leur rose floraison sous la grande lumière qui les embrase et dont elles se grisent éperdument.

Les chevaux s'enfoncent profondément dans le sable chaud, blanc, aveuglant ; c'est le moment de fuir le soleil, de chercher un abri, laissant passer les plus chaudes heures du jour.

Cet abri nous apparaît sous la forme d'un misérable *fondouk*, halte des indigènes et caravanes, nommé *El-Aouareb*.

Il faut avoir vraiment bien besoin d'ombre pour pénétrer là-dedans. Comme c'est sale et que cela sent mauvais !

Malheureusement, il n'y a pas un buisson dans la

plaine, et pour éviter des insolations, nous descendons de cheval pour nous abriter dans ce taudis, déjeuner avec nos provisions et *siester* si nous pouvons.

Si nous pouvons ! et nous ne pouvons malheureusement goûter un instant de repos, malgré toute la bonne grâce du gardien du *fondouk* qui met tout ce qu'il possède à notre disposition : une peau de mouton, une chaise cassée, une table bancale qui trébuche aussitôt qu'on la touche.

Des mouches dévorantes nous rendent enragés, et des puces ! Non ! Des puces par milliers. *El-Aouareb* est assurément leur paradis. On les voit sauter sur le sol comme de jeunes cabris. Si elles se contentaient de se livrer à cet art chorégraphique ? Hélas ! du sol elles sautent sur nous, en vampires affamés, ivres de sucer le sang des blancs, régal fort rare pour elles à *El-Aouareb*.

Comme nous nous plaignons au vieux gardien du *fondouk*, il nous répond sentencieusement :

— Ce n'est pas la faute des puces, c'est la faute du serpent qui a commencé.

Nous lui demandons une explication, il nous raconte la légende suivante, qui tombe à pic pour nous distraire un instant :

« Au moment où *Sidna Noh* (notre Seigneur Noé), trouvant grâce devant Dieu, s'enferma dans son arche avec sa famille et les bêtes de la création, il vogua quelques jours sur *l'élévation des eaux* sans que rien ne vint troubler sa quiétude. Malheureusement, on ne sait comment il se déclara une voie d'eau. Sidna Noh, dans son arche, était fort embarrassé, car l'eau montait, menaçante, envahissant tout.

« Au cours de ses tristes réflexions, il entendit une voix qui sifflait :

« — Si tu veux, Noh, je parerai le danger que tu redoutes.

« Noh se tourna vivement du côté de la voix rassurante et aperçut à ses pieds le serpent.

« — C'est toi qui as parlé ? dit-il.

« — Oui, répondit l'ophidien, je peux remédier au mal. Je me roulerai en boule, bouchant ainsi la voie d'eau, ce qui te permettra d'attérir sans mal.

« — Mais que te donnerai-je en retour du service que tu vas me rendre, reprit le saint patriarche ?

« — Oh ! peu de chose, répondit le serpent d'un air dégagé ; lorsque nous arriverons à terre, tu me donneras un peu de chair humaine.

« Noé consentit, se disant :

« Allons au plus pressé, nous verrons bien ensuite.

« Le serpent s'enroula donc si habilement qu'il boucha hermétiquement la voie d'eau.

« L'arche s'arrêta après 40 jours, en bon état, sur le mont Ararat, et le débarquement général opéré, le serpent vint réclamer son dû.

« Grand fut l'embarras du patriarche.

« Que faire ? Il ne pouvait immoler aucun des siens, et comme il n'avait avec lui qu'un seul couple des animaux destinés à repeupler la terre, il ne pouvait en offrir au serpent sans enfreindre la défense de l'Eternel. Ma foi ! il prit une résolution extrême, marcha vers le serpent et d'un grand coup de sandale lui brisa la tête, puis il le brûla afin que rien n'en pût subsister.

« A son vif étonnement, à mesure que la chair de l'ophidien grésillait, se réduisant en cendres, de ces cendres naissaient des milliers de petites bêtes noires, sautillantes qui, avides, féroces, se précipitaient sur Noé et sa famille, les suçant sans pitié, accomplissant ainsi le vœu du serpent. »

Le vieil indigène termina sa légende par cette réflexion philosophique :

— Peuh ! les puces ne sont rien. Les Juifs sont tout ! Ce sont eux qui sont nés du serpent et qui nous sucent bien autrement que ces petites bêtes. Eux, ont toujours faim, eux, ne seront jamais rassasiés jusqu'à la fin du monde !

Et d'un grand geste, il étendit les bras, embrassant l'univers, le prenant à témoin de la vérité de ses paroles.

***

Sur les trois heures, nous remontons à cheval, ayant encore à parcourir une forte traite pour arriver à *El-Aâla* avant la nuit.

Il fait moins chaud ; peu à peu la route se fait plus intéressante ; voici quelques buissons de jujubiers, de maigres arbustes, prélude du joli paysage qui nous attend, aussitôt que nous contournons le majestueux *Trozza*.

Le sol devient rocailleux, mouvementé ; çà et là, un olivier, un lentisque et la végétation apparait à nos yeux fatigués d'horizons plats, nus, brûlés de soleil.

Des bouquets d'arbres se succèdent, tamisant les chauds rayons, nous procurant une sensation de bien être inexprimable.

Nous grimpons lentement de jolis ravins où verdoient, malgré l'été, des plantes et abrisseaux : de la bruyère rose, de mélancoliques scabieuses, des chicorées bleues égayant le contour des ravins où il fait frais à l'ombre.

Un charmant plateau s'étend au sommet d'une côte, tout boisé, dévoilant des clartés vives, des aperçus de lointains bleus s'esquissant au fond de la grande plaine, se confondant avec le ciel d'une pureté extrême.

Des forêts d'oliviers peuplent l'espace, que nous parcourons sous le charme de l'exquise douceur qui emplit l'atmosphère ; la cendre grise de leurs feuilles s'harmonise délicieusement avec les douces teintes bleuâtres qui noient l'horizon tiède extrêmement fluide et transparent ; des nuées d'oiseaux voltigent sur les oliviers, radieux de vivre en paix dans ces solitudes au charme pénétrant.

Le ciel s'empourpre, répandant de roses lueurs sur la pâleur triste des arbres, qui s'étendent à perte de vue, couvrant une riche plaine vallonnée, plantureuse.

Encore quelques kilomètres et voici *El-Aâla* enfoui sous ses arbres.

El-Aâla ! Ce nom remue en moi un monde de souvenirs ! Il évoque le fantôme charmant du bonheur que j'ai pleinement savouré dans cette solitude profonde d'oliviers séculaires, où s'ébattaient joyeux, rassurés, les merles, fauvettes, pinsons et mésanges, lorsque dans la campagne tranquille, sous les rameaux, nous regardions la ligne bleue des montagnes derrière lesquelles s'agitait, bien loin, le monde méchant et pervers.

Nous respirions avec délices, mon mari et moi, en parfaite union d'âmes, l'air pur, vivifiant, de ce coin désert, ensoleillé, où nous aurions voulu vivre longtemps.

Il faisait si bon, au lever du soleil, dans l'idéale fraîcheur du matin, de partir, au hasard, sous la futaie grise, dans les petits sentiers paisibles, chercher un coin ombreux, à la découverte d'un buisson nouveau, d'un joli abri pour passer de douces heures à causer, à lire, crayonner, penser tout haut, engourdis dans une suprême paix.

Tout nous intéressait : un nid de fauvettes, une querelle de chardonnerets, les fourmis travailleuses auxquelles j'émiettais du pain qu'elles emportaient dans leurs galeries avec une activité dévorante, les grosses abeilles bourdonnantes, les coccinelles pointillées, les vives sauterelles, les petits grillons jouant de la crécelle, les gros scarabés noirs cherchant leur vie, tout ce monde d'infiniment petits, seuls éléments de vie dans le calme des champs solitaires.

Au loin, sous la ramée, dans la plaine, le soleil dardait ses rayons d'or, étreignant la terre de la fulgurance de ses feux ; une ligne à peine visible rayait de blanc l'azur du ciel : Kairouan et ses nombreux minarets.

Et les heures s'écoulaient douces, pleines de charme, en un rêve exquis.

Lorsque ia chaleur était trop forte, nous quittions notre champêtre réduit, et, tout doucement, bras dessus, bras dessous, en amoureux, nous retournions au gîte arabe où nous avions transporté nos pénates, comme des écoliers en vacances.

Le matin, vers 5 heures, nous sautions gaiement en selle, étendant au loin nos courses vagabondes, vers des oliviers inconnus, des ravins étoilés de lauriers-roses, coins nouveaux non encore explorés.

Nous grimpions sur de jolies montagnes, à forme de pains plats appelées en arabe *Kesseras* ; des excavations rocheuses s'enfuyaient à tire-d'aile des ramiers épeurés.

Nous dirigions de préférence nos chevauchées sur les bords d'une rivière : l'*oued Cord*, une vraie rivière, où coulait abondamment, même au cœur de l'été, une belle eau claire, cascadant gaiement sur les rochers. Quel plaisir, par la température chaude, d'entendre bondir cette belle eau fraîche, de patauger sur ses bords, de pêcher de jolis barbots à ventre blanc, dont nous faisions de suite, sur la berge, d'excellentes fritures !

Insensiblement, la chute du jour nous surprenait dans nos amusements, et, tranquillement, sans nous presser, nous revenions au gîte, au pas cadencé de nos chevaux, dans la tiédeur du soir, sous le ciel pourpre, lilas, rayé d'or, séduits par la beauté du calme répandu dans l'atmosphère diaphane, le cœur plein de douces joies, le corps vivifié, l'esprit reposé par ces beaux soirs d'été, dans le grand silence qui régnait à ces heures exquises sur la nature, cette grande charmeuse des passionnés de tranquillité.

J'aime tant ce coin d'*El-Aâla* que j'ai voulu le revoir, avec vous, pour vous faire partager mon enthousiasme. Je vous conduirai donc sous mes oliviers, par les petits sentiers que je connais, vers mes montagnes, sur les berges roses des tamarins fleuris de ma bruyante rivière poissonneuse.

Nous irons voir si les barbots à ventre blanc abondent toujours, si les tourterelles ont beaucoup de nids cette année et si les industrieuses fourmis ont augmenté leurs galeries.

Lorsque vous serez saturé de ce calme champêtre, vous pourrez rejoindre Kairouan, Sousse, Tunis, vous plonger dans le bruit des villes, la poussière, le brouhaha des rues, le cahotement des fiacres, la bousculade des piétons, respirer un air malsain, plein de microbes, errer sur les trottoirs brûlants, retrouver l'étalage des marchands, les crieurs de journaux à la politique âpre, violente, aux polémiques enragées. Vos oreilles écouteront, charmées, les pianos mécaniques à l'éternelle valse pour la plus grande distraction des désœuvrés, arpentant la Marine mangée de soleil ! Vous savourerez le bien être (?) du Grand Hôtel, les délices de la table d'hôte, des chambres à l'atmosphère de chaudière, où, le soir, des nuées de moustiques vous dévoreront sans pitié, après avoir promené votre ennui, tué le temps sur l'avenue de France, ingurgité un nombre incalculable de bocks, de glaces chez le successeur de Montelatecci, lesquels bocks et glaces vous donneront fort mal à l'estomac.

Si ce fidèle tableau de ce qui vous attend à Tunis ne vous enchante pas, restez avec moi, continuant nos excursions en pays arabe, étudiant de notre mieux la contrée, les types, les mœurs, prenant des notes sincères sur tout ce qui nous intéressera.

XV

**UN MUSULMAN DISCIPLE DE NOÉ — AFFREUX CRIQUETS
SAISON DE FIGUES — PAUVRE TATAOUINE !**

Aussitôt installés, sacs et valises en place, Si Ahmed, le *cheikh* d'*El-Aâla* nous conduit dans sa famille.

Cheurbia, sa femme, est d'une rare beauté.

Toute jeune, mince, un profil fin, doux, des yeux de gazelle, elle serait absolument ravissante sans l'énorme coiffure qui encombre son joli visage. C'est la mode à *El-Aâla* de se surcharger outrageusement la tête. J'ai essayé la coiffure indigène, et j'ai pensé mourir d'une fameuse migraine causée par cet imprudent essai.

Figurez-vous qu'elles croisent sur leur front de grosses torsades de laine rouge auxquelles elles entremêlent les nattes de leur chevelure. Cet édifice les empêche de remuer, de tourner la tête, car il pèse plus de deux kilogrammes. Une série de bandelettes, cordes en poil de chameau, assujettit l'échafaudage d'où pend, en abondance, sur le front, les oreilles, le cou, toute une ferblanterie : sequins, grands anneaux, perles lourdes, s'ajoutant à la commodité de cette coiffure extravagante avec laquelle ces pauvres créatures sont condamnées à dormir, messieurs les *Arbis* étant très égoïstes et se souciant peu, du moment que ce grotesque attirail leur plait, du bien être de leurs complaisantes moitiés.

Si Ahmed est tout jeune, brun, élégant, très cordial ; il nous fait avec joie les honneurs de son pays natal, dont il est très fier. Comme son territoire est vaste, et qu'il a beaucoup à faire, il a un *kaleb*[1], qui est bien le plus drôle de type qu'on puisse imaginer.

Dans la soirée, le *kaleb* en question vient nous saluer, nous engageant tous à visiter sa maison, car il est seul, sa femme étant à Kairouan.

En pénétrant dans la principale pièce de son *dar*, nous sommes stupéfaits d'étonnement.

Est-ce bien là la demeure d'un musulman ? Ne sommes-nous pas plutôt chez un mastroquet ? On le croirait tout à fait en comptant le nombre respectable de bouteilles qui s'alignent symétriquement sur un buffet.

Toute la collection : Bordeaux, bourgogne, sauterne, alicante, sirops de toutes sortes ; et des liqueurs ? Kirsch, chartreuse, anisette, cognac, crème de cacao, jusqu'à l'eau-de-vie de Dantzig qui promène ses paillettes d'or dans la chambre du musulman *Si Amar*.

---

[1] *Kaleb* : Ecrivain, secrétaire.

Nous faisons des têtes !... *Si Amar* s'en aperçoit et, peu embarrassé, nous explique que, travaillant beaucoup, il a pris la douce habitude de priser en buvant *un petit'peu*. Cela l'aide dans ses traductions, et il s'aperçoit qu'après un petit verre les idées viennent mieux !... Vous pensez si nous nous amusons !

En vain, cherchons-nous une gargoulette pour nous désaltérer d'un peu d'eau fraîche. *Si Amar* ne connait pas ce liquide là. Il n'en use pas et doit certainement faire ses ablutions avec du sauterne ou du cognac pour fortifier ses muscles après avoir éclairci ses idées !...

Il est gros, gras, rouge, suant, toujours agité ; son nez a l'aspect d'une tomate mûre, ses yeux à fleur de tête expriment une satisfaction de béat contentement. De tous ses mouvements se dégage une forte odeur d'alcool, d'absinthe, de musc. Ouf ! sortons vite de ce cabaret où passe sa vie ce peu scrupuleux observateur du Koran.

On nous apprend que le pays est infesté de criquets. Les sauterelles ont passé, ont pondu, et les terribles acridiens mettent la contrée au pillage, malgré les efforts de l'autorité et la main-d'œuvre indigène.

Dès le lendemain, nous montons à cheval nous rendre compte de l'invasion. Elle est considérable. Par nuée compacte, les locustes marchent en bandes serrées, petits, noirs, sautillant, s'avançant en ordre parfait dans la direction de l'est, dévorant tout sur leur passage.

Les appareils cypriotes déploient leur bande rayée de toile cirée sur une surface de plusieurs kilomètres ; les fosses béantes s'emplissent de criquets que foule aux pieds un indigène écrasant cette marmelade nauséabonde.

Plus loin, dans un terrain accidenté, les Arabes, de leur *melafâ*, poussent les acridiens dans la direction des broussailles, auxquelles ils mettent vivement le feu. Cela crépite, grésille ; les voilà brûlés, rouges comme de petites crevettes.

Tous les moyens sont bons pour détruire cette plaie dévorante. Mais il y en a tant ! tant ! la terre en est noire, fourmillante. En peu de jours ils naissent, grossissent, muent, s'attachent à chaque brin d'herbe, à chaque branche, prennent leurs ailes, font peau neuve, après l'accouplement et s'envolent pondre ailleurs : bonsoir !

Elles peuplent le ciel, voilent l'éclat du soleil en épais nuages, s'abattent sur tout ce qui végète, verdoie, sur tout ce qui va devenir pain, vin, alimentation des colons, des indigènes. Les colons se désespèrent, impuissants contre ces pèlerins ou marocains ailés, qui dévorent, en quelques heures, leur pénible travail de l'année ; les indigènes regardent les vols de sauterelles en murmurant : *mektoub*, sans se préoccuper autrement.

Rien ne les arrête. J'ai vu les criquets traverser l'*oued* Cord à l'eau cascadante. Des morts et des noyés ils formaient un pont avec une dextérité étonnante, puis passaient bravement sur l'autre rive, où la chasse recommençait.

Et ils sont doués d'une vitalité, d'une force de résistance inouïes ! Nous avons pu en conserver pendant douze et quinze jours, enfermés dans des boites d'allumettes, oubliés dans les fontes des selles. Au bout de ce temps là, la boîte ouverte, nous trouvions les affreux criquets parfaitement en vie, jouissant de tous leurs moyens, bons à repeupler la terre de leurs larves.

La lutte, fort bien menée, arrêta l'envahissement des acridiens ; mais que de peines pour former des chantiers, pour forcer les musulmans à batailler chaque jour sous le soleil de plomb, contre l'invasion !

A peine avait-on le dos tourné, que les indigènes plantaient là l'appareil cypriote, les fosses, les criquets, et ceux-ci en profitaient pour fuir, envahissant les champs d'orge où il ne restait plus un épi en quelques heures.

Les jeunes *bicots* font de grandes provisions de criquets qu'ils destinent à l'alimentation de la famille, aux jours où le couscouss se fait rare. Il les rangent au fond de vieux pots, recouvrent le tout d'huile, et s'en pourlèchent les babines : « *Petit l'oiseau bono !* » Ils veulent absolument nous faire goûter des « criquets à l'huile ».

— Merci bien ! *Petit l'oiseau makache bono !*

∗∗∗

Il n'y a aucune ruine romaine dans le voisinage d'El-Aâla. Les importants vestiges de cette époque sont groupés vers l'extrémité occidentale, au centre de *Maktar*, l'antique *Tucca Térébenthina*, siège d'un contrôle civil. On y trouve encore fort bien conservés deux arcs de triomphe, dont un élevé en l'honneur de Trajan, un mausolée de 17 mètres de hauteur, orné de chapiteaux corinthiens, un aqueduc, les restes d'un amphithéâtre, plusieurs temples.

Le chemin qui conduit à *Maktar* n'est qu'une suite de mamelons qui se succèdent, uniformes, insipides, sans attrait, jusqu'au plateau de *Maktar*, dominé par la colline de *Souk-el-Djemaâ*. Il fait très froid l'hiver, la neige y séjourne souvent; j'ai fait cette excursion d'*El-Aâla* à *Maktar* par un temps affreux, des bourrasques, du vent du nord, des giboulées glacées à croire que nous étions en Sibérie, et ce voyage pénible m'a peu intéressée.

Avant d'arriver à *Maktar* s'élève, sur un haut plateau, le petit village de la *Kessera*. De beaux oliviers ombragent la vallée, située au pied de cette montagne, et une jolie rivière, l'*oued* Zitoun, gazouille gaiement à travers les arbres.

Une des plus belles promenades à faire à *El-Aâla*, est celle du chemin qui aboutit à la vallée de l'*oued* Marouf, qui serpente, onduleuse, large d'horizon, sous le *djebel* Serdj, le plat à barbe, où s'accrochent de petits gourbis blanchis à la chaux comme les demeures kabyles.

Le paysage s'étend vaste, lumineux, piqué de bouquets de verdure, peuplé d'outardes, de poules de Carthage au vol lourd. Ces messieurs en poursuivent avec succès, alimentant précieusement notre garde-manger.

Plus loin, s'étendent d'interminables forêts de cactus de Barbarie aux figues mûres, criblées d'épines. Ces bois de cactus sont pleins d'indigènes venant planter leur maigre tente près des figuiers, faisant chaque année une saison d'*Endi* [1]. Que voulez-vous ? Nous allons bien, nous autres, à Vichy, à Royat, aux Pyrénées !

Eux, les *Arbis*, font une cure de figues de Barbarie. Ils abandonnent leur pays, déménagent leur tente et ses piquets, chargent leur bourricot, se mettent en marche du côté de la contrée des cactus épineux, s'installent, se gavent.

Pendant vingt, trente jours, ils ne mangent que des figues ; une vraie cure !

---

[1] *Endi* : Figuiers de Barbarie.

Dieu sait quel cataclysme cette abondance de fruits indigestes procure à leurs intestins ! Ils ne s'en doutent même pas. De toutes les trouées de cactus, il sort des *bicots*, des *bicottes*, trainant des chapelets de marmots, déguenillés, barbouillés de figues, couverts de mouches attirées et collées à leurs joues malpropres, gluantes ; par-ci, par-là, un minois éveillé, une silhouette de fille brune et souple, aux dents blanches, aux yeux brillants. Les femmes rient, se poussent, se cachent, reparaissent derrière les raquettes hérissées, curieuses et sauvages tout à la fois.

Un incident marque notre retour à *El-Aâla* : *Tataouine* fait des siennes.

Au fait, vous ne savez pas qui est cette *Tataouine* : avant de vous raconter ses prouesses, il faut que je vous présente ma belle chienne *sloughia*, de race très pure, une vraie merveille.

Haute d'un mètre, la robe soufre clair, le museau noir, effilé, les yeux bruns, larges, transparents comme de l'eau de roche, des dents étincelantes ornant une mâchoire énorme, une mâchoire à fracasser une baleine. Cette superbe bête me fût donnée à *Hadjeb-el-Aïoun*, par un officier de tirailleurs, parce que je l'admirais beaucoup, et aussi, je crois (voyez ma reconnaissance !), parce qu'il ne pouvait en rien faire, tant elle était sauvage, indomptée.

Tataouine (ainsi appelée parce qu'elle était native

de *Foum Tataouine*, extrême-sud tunisien), fut à peine en ma possession, que j'entrepris son éducation. A force de caresses, de bons morceaux, j'en fis une compagne aussi sociable que le lui permettait sa nature récalcitrante. Elle m'avait prise en affection ; à table, elle se plaçait près de moi, posait sur la nappe son museau effilé, attendant une gâterie, me regardant de ses grands yeux limpides.

Lorsque je rentrais à la maison, elle accourait en bonds joyeux, se dressant sur ses longues jambes, posant ses pattes de devant sur mes épaules, me faisant mille amitiés, chose peu banale chez le *sloughi*, race froide et indifférente.

Elle nous accompagnait à cheval, et une fois lâchée, en pleins champs, faisait mille folies, effarouchait les troupeaux, attrapait par-ci, par-là, un agneau, une chèvre, à qui elle octroyait un coup de ses formidables dents, en guise de caresse, ce qui me valait d'interminables remontrances de mon mari, qui n'aimait pas beaucoup *Tataouine*, la trouvant *trop familière* avec les troupeaux ! Chaque fois que j'emmenais ma chienne elle recommençait ses exploits. Les indigènes ne pouvaient pas la souffrir et disaient : « C'est certainement le produit d'une chienne enragée et d'un chacal ! » Moi je laissais dire, et j'adorais *Tataouine*.

Donc, ce jour-là, à travers les solitudes admirables de l'*oued Marouf*, après avoir bien gambadé, *Tataouine*, fort excitée par la vue d'un troupeau, part à fond de train sur les moutons. On a beau crier, siffler, peine perdue ! *Tataouine* a des ailes, s'en donne à cœur-joie de bousculer le troupeau épouvanté, qui se livre à une course désordonnée dans la plaine, derrière la chienne, bondissant comme une panthère. Elle saisit la large queue d'une brebis de race tunisienne et tire, tire tant et si bien, que son trophée sanglant lui reste dans la gueule, tandis que la pauvre victime, mutilée, gît, pantelante, veuve de son malheureux et infortuné appendice.

Ma féroce *Tataouine* emporte triomphalement sa proie sous les yeux de notre caravane indignée, se dissimule derrière une touffe de lenstique pour dévorer sa queue de mouton et aussi pour se dérober à notre colère, comprenant l'horreur de sa mauvaise action.

Qui est-ce qui est furieux ? C'est mon mari, qui me jette des regards courroucés, tout comme si j'avais aidé *Tataouine* à accomplir son forfait !

Qui est-ce qui est penaude ? C'est moi, d'avoir la faiblesse d'aimer une bête aussi cruelle...

La morale de l'histoire fut celle-ci : Mon mari paya la brebis à l'Arabe et supprima *Tataouine*.

Sur le moment, il ne dit rien ; pourquoi augmenter mes regrets ? J'étais si navrée de l'aventure, si honteuse de la conduite de la féroce *sloughia*. Mais le lendemain, au retour d'une excursion à laquelle, comme bien vous pensez, je n'avais pas convié *Tataouine*, je ne la trouvai plus au campement.

Timidement, je dis :

— Où est *Tataouine ?*

Mon mari, bravement, me répondit en adoucissant sa voix pour que la pilule passât plus facilement :

— J'en ai fait cadeau à un Arabe qui partait pour le Sud. Elle aurait fini par nous coûter trop cher !

En femme soumise, je ne fis aucune objection, trouvant au fond que mon maître et seigneur avait raison et qu'il avait bien fait de m'épargner de douloureux adieux.

De temps à autre, je pense à *Tataouine* ; je taquine mon mari en lui disant :

— Comme tu m'as bien jouée ! Avoue que ma pauvre *Tataouine* valait mieux qu'une queue de mouton !

XVI

INFORTUNÉS CHAPONS — CE N'EST QU'UN LIÈVRE !
MOUILLÉS COMME DES BARBETS

El-Aâla possède une spécialité chère aux gastronomes. On y fait d'excellents chapons gras, lourds, rôtis incomparables.

Un indigène, habitant la localité, a le chic pour transformer en grasse volaille les petits coqs étiques de race indigène.

Naturellement, nous réclamons une séance, et l'Arabe sacrificateur arrive avec ses instruments et sa victime.

La victime : un malheureux petit coq qui crie à fendre l'âme, ayant vent de sa destinée ; les instruments : un vieux rasoir édenté, remontant assurément au temps du Prophète, une aiguille épointée et du fil ciré.

Ah ! cher lecteur, bouchez-vous les yeux ou ne regardez qu'à moitié ce qui va se passer.

Accroupi sur la terre, tenant le coq dans ses jambes, l'Arabe accomplit gravement son sacerdoce.

Il commence à plumer un peu le volatile qui gémit comme bien vous supposez : puis, de son rasoir il fend péniblement, longuement, la chair du patient, enfonce deux doigts, retire je ne sais trop quoi, puis le remet. Il s'est trompé, ce n'est pas cela ! farfouille encore un bon moment, puis recoud le supplicié de sa mauvaise aiguille.

Un siècle ! nous en sommes tous malades...

L'opération terminée, il lâche le jeune *cocoriko* qui secoue ses plumes ébouriffées, picote quelques grains, et se sauve dehors, vers ses camarades.

Nous avons bien ri un jour, après semblable spectacle, de voir la pauvre victime courir *illico* sur le fumier, faire des agaceries à une jeune poule comme si rien d'anormal ne s'était passé...

Ce qu'il y a de plus singulier, c'est qu'il n'en meurt point, après des opérations faites dans de telles conditions de malpropreté. Ils ont la vie chevillée dans le corps les coqs d'*El-Aâla* !

.*.

Dirigeons nos pas vers le pays des *Meguadil* ; il y a de jolis coins, beaucoup de bois de figuiers de Barbarie, où vivent en bande des sangliers, ce qui décide ces messieurs à organiser une battue. Nous passerons toute la journée dehors pour qu'ils aient le temps de chasser avec plus de commodité.

C'est à environ vingt kilomètres d'*El-Aâla* ; nous nous mettons en marche malgré le temps lourd qui semble orageux.

Après avoir franchi la vallée de l'*oued Cord*, au milieu d'une plaine, s'argente au soleil un *bordj* blanc habité par un parent du *cheikh Ahmed, Si Djellouli*, qui nous prie de faire halte un instant dans sa maison.

Nous pénétrons dans une longue chambre, étroite, obscure, précédée d'une *sguifá* (1).

Comme cela sent bon par ici !

Ce n'est ni l'odeur du musc, du benjoin, encore moins le parfum indigène traditionnel. Cela fleure le boudoir élégant. Etonnée, je promène ma curiosité, cette maudite curiosité qui perdit le genre humain aux premiers temps du monde, quand Eve eut la malencontreuse idée de flirter avec le serpent et de déguster le fruit défendu.

Eureka ! je suis vraiment épatée :

Dans une niche, pratiquée dans le mur, s'alignent de petits flacons de corylopsis du Japon. Ce n'est pas étonnant que cela sente si bon dans la chambre de *Si Djellouli*, qui est, du reste, un vrai gommeux et va souvent à Tunis.

Décidément, ils ont tous une toquade à *El-Aâla* ! Les uns ont un vrai culte pour les liqueurs de notre grand occident civilisé, les autres se parfument au

---

(1) *Sguifá* : Sorte d'antichambre

corylopsis comme de petites maîtresses. C'est vraiment drôle à noter.

Nous quittons le *bordj* et son atmosphère *corylopsée*, pour continuer notre promenade, descendant et remontant tour à tour de petites collines, des étendues boisées d'oliviers, de gaies clairières, des champs nus où s'étalent beaucoup de tentes à forme d'accent circonflexe, les nomades appréciant beaucoup ce coin à cause du voisinage des bois de cactus et des cures de figues. Les femmes nous regardent passer, toujours curieuses et stupides.

Arrivés sur le lieu de la chasse, nous mettons pied à terre et procédons à l'installation de notre salle à manger, sous un beau caroubier qui semble posé exprès pour nous, étendant son ombre noire où nous nous reposons de notre chevauchée. Il fait horriblement chaud, je ne sais si nous avons bien fait de nous éloigner autant de notre centre d'occupation.

Ces messieurs suivent les indigènes, s'éloignent, s'enfoncent dans le fourré des bois de figuiers pour se poster, pendant que les rabatteurs « font le bois ».

Chacun attend patiemment, nos maris dans le fourré, nous, sous notre arbre, somnolentes, assoupies, et de même que Sœur Anne, ne voyant rien venir.

Les sangliers ont le nez creux, on n'aperçoit pas le plus petit bout de leur hure.

Encore un peu nos maris seront littéralement grillés, se transformeront en rôtis. Pan ! un coup de fusil, nous sautons en l'air. Ça y est ! ils vont revenir radieux, et déjà nous voyons le sanglier rapporté triomphalement. Toutes émues nous quittons notre arbre, nous dirigeant du côté des voix qui approchent pour féliciter nos chasseurs, et restons bien surprises en les apercevant, semblables à la fable de La Fontaine : une certaine montagne qui jetait des clameurs effrayantes pour une malheureuse petite souris !...

Voici ce qui était advenu :

Un de ces messieurs entend du bruit : c'est le sanglier, paf ! il tire dans la direction de ce qu'il croit être un solitaire ! C'est un lièvre femelle qui agonise en mettant au jour un amour de levraut que ces messieurs ramassent et rapportent, confiant à nos tendres soins la pauvre bestiole, qui ne put, naturellement, pas vivre deux heures.

Cet incident comique servit à nous distraire et donna tort au proverbe qui dit : « On ne peut chasser deux lièvres à la fois ! »

*
* *

Après déjeuner, nous *siestons* sous l'ombre épaisse du caroubier, peu rassurés de voir s'amonceler des cumulus menaçants, des cirrus aux filaments cuivrés, des stratus au centre orageux. Sur le conseil fort sage des indigènes, nous sautons en selle, abandonnant notre caroubier pour regagner *El-Aâla* le plus rapidement possible. L'orage ne nous laisse pas le temps d'arriver à la moitié du chemin ; il se déchaîne furieux. Des coups de tonnerre ébranlent la contrée, l'électricité *zigue-zague* dans le ciel enflammé qui devient noir comme de l'encre ; on se croirait dans un four, tant l'atmosphère se fait lourde, pesante ; la nature se tait, domptée par les éléments. Quel tonnerre ! le bon Dieu devrait bien ne pas casser ses noix aussi bruyamment sur nos têtes !

Les oiseaux, effrayés, rasent la terre, sachant bien que ce grand tapage vient d'en haut, cherchant un abri contre la pluie qui, bientôt, commence à tomber en déluge. Quelle situation est la nôtre, et où vous ai-je entraînés !

Les Arabes nous conseillent d'aller nous abriter sous une tente qui étend ses ailes de chauve-souris non loin de notre chemin. C'est peut-être ce qu'il y a de plus sage à faire ; laisser passer l'orage. Il est tellement violent qu'il ne durera sans doute pas longtemps.

Tout trempés, collés sur nos selles, nous en descendons péniblement et pénétrons sous la petite tente noire, où nous sommes cordialement accueillis par la famille ; le père, un grand vieillard sec et ridé, les fils, de solides gaillards noirs et velus, les femmes et les enfants ornés de tatouages qui constituent presque uniquement leur costume.

Nous prenons place sous la tente, les uns adossés contre l'étoffe de poil de chameau ; les autres assis sur des chiffons, muets, mouillés, fripés, lamentables, piteux, n'osant pas nous regarder, considérant la misère de ces loqueteux et surtout l'eau qui tombe à verse.

Voilà bien une autre affaire : Nous entendons des galops, des bêlements, puis une masse de chèvres, de moutons se précipitent en ouragan sous la tente. Eux aussi viennent s'abriter, trouvant la pluie trop forte. C'est le comble ! L'eau coule avec abondance de leurs poils, de leur toison ; le troupeau nous inonde, nous piétine, répand une odeur infecte. Pour ma part, j'ai hérité du voisinage d'un bouc superbement corné, mais qui n'exhale malheureusement pas les parfums du corylopsis de tantôt. Dieu ! qu'il est gênant cet animal ! En vain, je le pousse, lui octroie des renfoncements, rien n'y fait ; il persiste à vouloir se sécher contre mon dos, menaçant, si je bouge, de me crever les yeux avec ses cornes monumentales. Monsieur le bouc, un peu de place, je vous prie ? Ne prenez pas, de grâce, mes omoplates pour une serviette éponge ?

On étouffe là-dedans avec ces *bicots*, qui sentent mauvais, et toutes ces bêtes qui grouillent dans nos jambes, nous regardant de travers : c'est certain, nous prenons leurs places.

La maigre étoffe de la tente laisse filtrer l'eau ; les gouttières dégringolent dans nos cous. Mon Dieu !

que nous sommes donc malheureux. Nous donnerions nos vies pour deux *caroubes !* Et le déluge continue, l'eau tombe comme jamais nous n'avons vu d'eau tomber. Qui a bien pu avoir l'idée d'une promenade pareille ?

Nous jetons des regards furibonds sur ces messieurs. Ce sont eux les coupables, avec leur belle idée de chasser les sangliers ! Ils ont voulu tout avaler ! Et qu'ont-ils rapporté de leur chasse ? Un pauvre levraut nouveau-né ! C'était bien la peine ! et nous voilà dans une agréable situation par le temps qu'il fait, pêle-mêle avec les *bicots* et les chèvres.

Enfin, il faut se résigner et attendre. La pluie continue, féroce ; les Arabes nous proposent de nous installer dans leur tente pour passer la nuit, car ils craignent que nous ne puissions passer *l'oued Cord,* qui doit être subitement grossie par l'orage.

Ils nous offrent de nous faire cuire du *couscouss* et de dormir sur des *burnous.* Ces messieurs nous consultent ; nous refusons, et comme ils sont de notre avis, nous décidons de tenter la chance de partir malgré la pluie ; nous sommes si mal ! L'*oued Cord,* que nous aimons tant, ne peut nous jouer un si mauvais tour. Elle se fera clémente, nous permettra de franchir son eau bouillonnante.

Nous montons péniblement en selle, trottant sans mot dire sur le chemin détrempé où les chevaux glissent, aveuglés par la raffale, perdus dans la teinte grise qui noie ciel et terre. Que le chemin est long !

Nous comptons les heures, inquiets sur le passage de notre *oued*, qu'on entend de loin mugir, roulant des eaux tumultueuses, de vraies vagues jaunes, écumantes, qui se brisent contre les berges.

Va-t-on pouvoir traverser ? On décide, toujours sur l'avis des indigènes, qu'un Arabe essayera de passer.

Le voilà qui entre difficilement dans le torrent, lutte contre le courant, et après mille efforts, grâce à l'habileté et à la vaillance de son cheval qui nage avec ardeur, atteint l'autre bord.

Un à un, péniblement, avec mille précautions, nous tentons ce passage, autrement dur que celui de la mer Rouge. Nos braves chevaux font merveille. Nul besoin de les diriger, ils savent bien ce qu'on attend d'eux.

Certes ! c'est un moment plein d'anxiété.

Nous ne sommes guère à l'aise en amazones, obligées de hausser nos pieds en l'air, tenant par miracle, nous raccrochant aux cornes de la selle, à la crinière de nos braves montures. Hurrah !... nous sommes sauvés, près d'atteindre les délices d'*El-Aâla*, où nous arrivons sains et saufs, et où nous nous mettons au sec.

XVII

ADIEUX DE YASMINA AU LECTEUR

Il n'est point de bonne chose qui ne prenne fin hélas! et l'heure de quitter notre coin plein de charme sonna.

Il commençait, du reste, à faire une chaleur intense, et nous ne pouvions nous aventurer à travers champs, dans nos endroits favoris, qu'à l'aurore ou sur le soir, un peu avant le soleil couchant.

Les moins courageux de notre caravane gémissaient, s'épongeaient, soupiraient après le climat de France ou les bords du littoral tunisien, espérant y trouver plus de fraîcheur ; les plus résistants continuaient à visiter les jolis environs d'*El-Aâla* : cette *oued Cord* cascadente, ces ravins fleuris de rose, ces montagnes à forme de pains plats, et ces forêts d'oliviers gris étendant à perte de vue leur ombre légère.

Les hommes chassaient ; pauvres merles, pauvres tourterelles... les femmes, assises à l'ombre d'un lentisque, brodaient, crayonnaient. Pour ma part, je vous avoue que je serais restée longtemps encore, enfouie sous le ciel d'*El-Aâla*, délicieusement engourdie par la douceur de sa solitude reposante. Il fallut néanmoins céder et abandonner mon asile favori.

La caravane se dispersa.

Les uns, se dirigeant sur Kairouan la Sainte, gagnèrent Sousse et Tunis ; les autres partirent pour France retrouver leur nid.

Mon mari et moi, cuirassés contre l'ardeur du soleil, amoureux d'aventures, continuâmes notre excursion jusqu'à l'extrême limite algérienne, Tébessa.

Après une halte au camp des tirailleurs, à *Hadjeb-el-Aroun*, nous nous rendimes à *Sbitla*, l'antique *Suffetula*, où abondent de superbes ruines romaines ; de là, nous fûmes camper à *Feriana*, puis à Hydra, et enfin à Tébessa, l'ancienne *Theveste*, remarquable par l'abondance de ses monuments romains, admirablement conservés.

Après quelques jours de repos, nous prîmes la voie ferrée, la chaleur étant vraiment trop forte pour nos crânes européens.

Un jour ou l'autre, ami lecteur, nous pourrons reprendre ensemble quelques excursions dans notre « *Petite France* », notre belle et lumineuse Algérie.

Pour le moment, mes croquis tunisiens s'arrêtent à cette limite, et je tourne la dernière page, posant ma plume, très satisfaite si j'ai pu vous faire passer

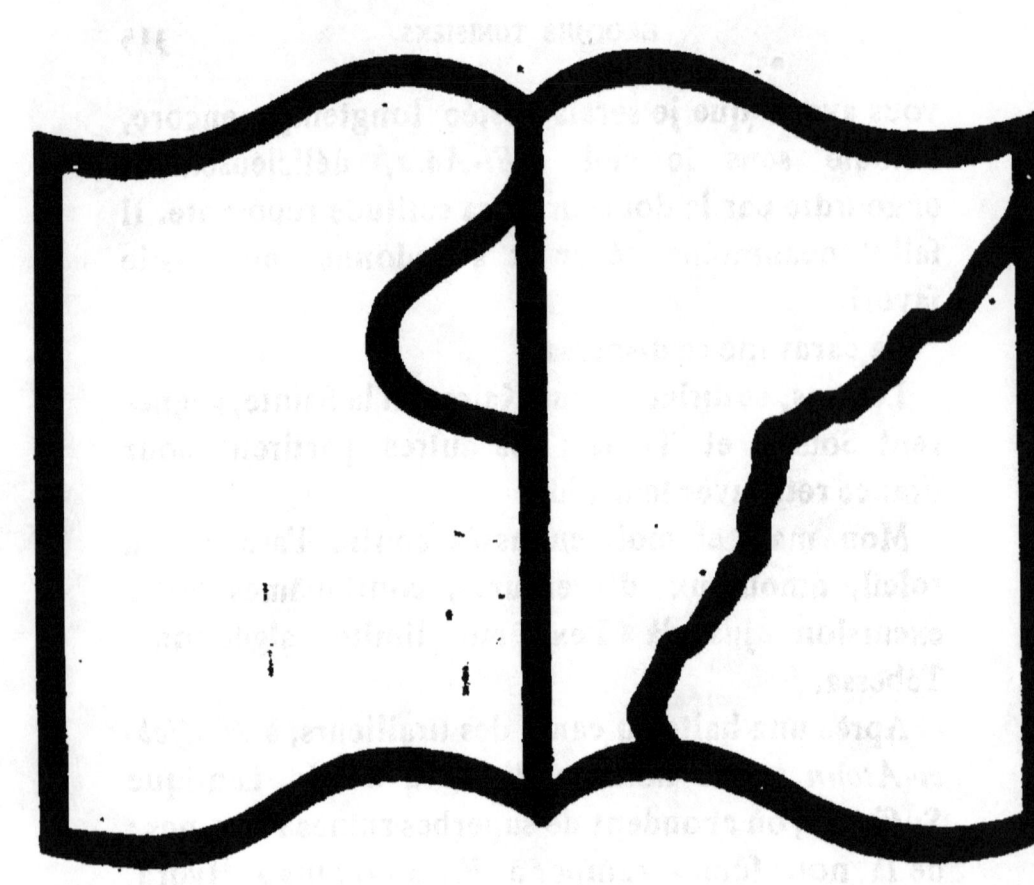

quelques heures agréables à ma suite à travers cett Tunisie fleurie, dont j'ai gardé bon souvenir.

Il me reste donc à vous dire à bientôt, ami lecteur, au revoir sur la terre algérienne.

C'est la grâce que souhaite votre camarade Yasmina.

FIN

TABLE DES MATIÈRES

Première Partie. — Sous le Ciel Bleu de Nabeul

	PAGES
I. — Yasmina se présente. — En route pour Nabeul.	1
II. — Nabeul. — Souvenir à un aimable Académicien. La Vie à Nabeul. — Coup de patte à Littré..	7
III. — Rhamadam. — Le Juif dans toute sa beauté...	15
IV. — Vue d'intérieur. — Naïveté parisienne. — Vivre sans s'agiter. — Femme ou bête? — Pauvre Fathma....................................	23
V. — Petits Bicots. — Le Café ou la mort. — La Mouquère Yasmina. — Lit théâtral........	35
VI. — Fathma au bain comme au temps d'Eve. — Boîte à potins. — Etre étrillée ou périr. — Absence de poésie chez Fathma..........	38
VII. — Fathma à l'engrais. — Histoire de trois sœurs. Noces de Fathma. — Chez la mariée. — Procession solennelle. — La Nuit tous les chats sont gris........................	43
VIII. — Circoncision. — Décès. — Pleureuses antiques. — C'était écrit !!........................	58

Deuxième Partie. — Chevauchées Champêtres à travers la Presqu'île du Cap Bon

	PAGES
I. — Où Yasmina vous prie de la suivre au Cap Bon. L'Oued Secco. — Beni-Khiar et les Jardins du Paradis Terrestre. — Mamora. — Corba.	63

		PAGES
II. —	Charme pénétrant de Sidi Othman. — L'antique Caton. — Sur les ruines de Lebna.......	70
III. —	A travers les lavandes. — Beni-Khaled. — Sidi Toumi. — Type de Marabout. — Ruche féminine. — Les Épices sacrées.........	74
IV. —	Délices de Menzel-bou-Zalfa. — Rêves sous les orangers. — Fête du mouton............	82
V. —	L'Oued Bezikh. — Paradis des bêtes. — Joie de vivre. — Col du Djebel Hoffra. — Djebel Abderrahman. — Fief des Mahouines.....	87
VI. —	Oum-Douil. — Mesdames les Indigènes. — A la guerre comme à la guerre	92
VII. —	Zaouïet-Chebane. — Papa Tozegrane et son Harem. — Aïcha et la cruche cassée......	97
VIII. —	Zaouiet-Megueïss. — Ce sont des femmes ! Fin tragique d'un flamant....	106
IX. —	Kelibia. — Bouillabaisse homérique. — L'ancienne Clypea. — Ascension de la citadelle. — La Mer et le Ciel !..................	111
X. —	Dunes aveuglantes. — Mirages. — Épaves. — Un Cône d'ombre. — El-Aaouaria. — Vieux brave. — Pauvre Nicham !........	121
XI. —	Excursion à Rass-Addar. — Le Phare du Cap Bon. — Où vont ces coques de noix ? — Un philosophe gastronome........	130
XII. —	Les grandes cavernes. — Pauvres chauves-souris ! — Il pleut, Bergère !	138
XIII. —	La Tonnara. — Ave Maria. — Idéale Zembra.	141
XIV. —	La Máctance ou Pêche des thons...........	147
XV. —	Sidi-Daoud. — Dieu qu'il fait chaud ! — Soleil couchant ,..........	151
XVI. —	Korbès. — Soliman. — A cheval sur un chameau	156

		PAGES
XVII.	— Turki. — Mon amie Fathouma.............	160
XVIII.	— Ce n'est qu'un Juif. — Le Défilé de la hache. — Bonjour, Nabeul..................	165

TROISIÈME PARTIE. — Excursion à Zaghouan

I.	— Hammamet et sa Casba. — Les Oies de Monsieur le Curé. — Une Servante acariâtre	169
II.	— Le gommeux « Très Joli ». — Zaoula Sidi Djedidi.....	177
III.	— Pittoresque campement. — Nuit dans la tente. — Chien ou chacal ?............	182
IV.	— A travers les cratères. — Zaghouan qui pleure. — Sous la ramée des cognassiers roses...	188
V.	— Ascension du Zaghouan. — Admirable panorama....................	193

QUATRIÈME PARTIE. — Au Pays du Soleil

I.	— En route pour Kairouan la Sainte...........	197
II.	— Fondouk de Bir-Bouitta. — Tour romaine. — On arrive toujours ! — Aphrodisium.......	199
III.	— Noce d'Arabe des tentes. — Fantasia. — L'Enfida	204
IV.	— Histoire incroyable, mais pourtant véridique, de Si Ahmed. — Chair noire............	208
V.	— Excursion à Takrouna. — Pauvre Kheïra. — Visite aux dolmens....................	218
VI.	— Le Désert. — Mirages. — Bêtes humaines sous le soleil..................	223
VII.	— Un Maboul. — O Tempora! ô Mores! — Kairouan la Sainte....................	226

		PAGES
VIII.	— Légende de Sidi Okba. — Éclatante aquarelle. Les Souks...............................	232
IX.	— Marché. — Le Najah charmé. — Karakous! — Kairouan endormie	242
X.	— Les Mosquées de Kairouan la Sainte.........	248
XI.	— Histoire d'un vieux forgeron, amateur de fleurs et d'alcool......................	260
XII.	— Une Colonne qui saigne. — Aïssaouas......	266
XIII.	— Intérieurs. — Singulière musicienne. — Soubrette fin de siècle! — Mort du brillant Abderrahman............................	273
XIV.	— A l'Ombre des poteaux télégraphiques. — Légende des puces. — Ma passion pour El-Aâla	283
XV.	— Un Musulman disciple de Noé. — Affreux criquets. — Saison des figues. — Pauvre Talaouine!.............................	294
XVI.	— Infortunés chapons. — Ce n'est qu'un lièvre. — Mouillés comme des barbets...........	305
XVII.	— Adieux de Yasmina au lecteur.............	314

ALGER. — IMP. CHARLES ZAMITH ET Cie, RUE DES CONSULS, 20

www.ingramcontent.com/pod-product-compliance
Lightning Source LLC
Chambersburg PA
CBHW060650170426
43199CB00012B/1740